FÜR MEINE ELTERN, CHRISTA UND RAINER,
DIE IMMER FÜR MICH DA SIND UND MIR BEIBRACHTEN,
WIE WICHTIG ES IST, SEINEN EIGENEN WEG ZU GEHEN
UND FÜR MEINE FRAU CLARA, OHNE DIE ICH NICHT KOMPLETT
WÄRE UND DIE MICH BEI ALLEM UNTERSTÜTZT.
ICH LIEBE EUCH.

Marc Bauer

DAS DING MIT DEM FOKUS

Das Geheimnis für eine positive Ausrichtung im Leben

Bibliografische Information der Deutschen Nationalbibliothek:
Die Deutsche Nationalbibliothek verzeichnet diese Publikation in
der deutschen Nationalbibliografie; detaillierte bibliografische Daten
sind im Internet über http://dnb.dnb.de abrufbar.

© 2018 Marc Bauer
Herstellung und Verlag
BoD-Books on Demand, Norderstedt

ISBN: 978-3-748-18423-2

Vorwort

Im Jahr 2006 erlebte ich einen totalen Zusammenbruch.

Davor hatte ich für andere stets ein offenes Ohr. Ich stand jederzeit parat, wenn jemand Hilfe brauchte. Menschen zu helfen machte mir Spaß. Wenn es jemandem aus meinem Bekanntenkreis mit meiner Hilfe wieder besser ging, fühlte ich mich großartig. Das war mein Applaus, meine Bestätigung, mein Antrieb. Völlig selbstlos reparierte ich die Seelen meines Umfeldes, ohne dabei wirklich auf meine eigene Seele zu achten. Ich konnte meine Problemchen wunderbar allein regeln, dachte ich.

Doch nach und nach geriet ich ins Trudeln. In meinem Job als Verkäufer lief es nicht so rund. Durch einen Vorgesetztenwechsel wurde meine schöne konstante Welt ordentlich durchgeschüttelt. Die Umsatzzahlen waren nicht so, wie es sich die Chefetage vorstellte, und mein neuer Vorgesetzter spielte seine Macht bei jeder Gelegenheit gegen mich aus. Schikane wurde mein Arbeitsalltag.

Im Privaten lief es auch nicht besser. Ich wurde mehrfach von meiner Freundin betrogen, und wir trennten uns. Es war bereits die zweite Beziehung nacheinander, die aus solchen Gründen ein für mich trauriges Ende fand. Durch ein kommunikatives Missverständnis herrschte zwischen mir und meinem besten Freud Funkstille, und mein Kontostand erlaubte mir ab der Hälfte des Monats nur noch Reis, Nudeln oder günstige

Konserven, um meinen Magen zu füllen. Meine Eltern, die ich sehr liebe und die immer zu mir standen, waren meine einzige Konstante. Sie unterstützten mich oft mit Essen und gelegentlich mit Geld. Doch die meisten meiner Probleme behielt ich aus Scham für mich.

Alles in allem brach meine heile Welt langsam in sich zusammen. Auf dem Tiefpunkt rief ich eine gute Freundin an. Ich erhoffte mir Beistand, ein paar tröstende Worte, eine Umarmung oder zumindest etwas ihrer Zeit. Sie war meine erste Wahl, denn ich hatte sie im vergangenen Monat sehr oft getröstet, als sie nächtelang weinend auf meinem Sofa saß, weil ihre Beziehung zerbrochen war. Ich dachte, wir wären uns so vertraut, dass sie nun für mich da wäre. Als sie ans Telefon ging, fiel eine Last von mir. Ich war glücklich, eine vertraute Stimme zu hören. Ich erklärte ihr, dass es mir furchtbar gehe und ich nicht mehr weiter wisse. Als ich sie bat, zu mir zu kommen, antwortete sie, es sei im Moment ungünstig. Sie war verabredet und versprach, eventuell in der nächsten Woche mal vorbeizuschauen.

Ich legte auf und brach zusammen. Zum ersten Mal brauchte ich wirklich Hilfe, wollte sogar Hilfe, war bereit, darum zu bitten. Doch alles, was ich bekam, war Desinteresse. Es folgten einige Wochen der Depression, in denen ich mich nur auf das Schlechte konzentrierte, was mir widerfahren war. Selbstmitleid war mein Tagesinhalt. Ich wollte nicht mehr unter Leute, ich fühlte mich leer, kraftlos und ausgebrannt. Ich war handlungsunfähig, sogar lebensmüde.

Mit letzter Kraft fasste ich den Entschluss, mir professionelle Unterstützung zu suchen. Ich ging zu einem Facharzt für Psychotherapie. Dort musste ich zuerst einige Multiple-Choice-Bögen ausfüllen. Nach etwa einer Stunde durfte ich ins Behandlungszimmer. Ich setzte große Hoffnung in dieses Gespräch. Ich wollte nur, dass es mir wieder gut geht. Der Arzt bot mir einen Platz an und blätterte in meinen Bögen. Plötzlich klingelte sein Telefon, er hob ab und telefonierte dann ungefähr zehn Minuten mit seiner Frau. Mir kam es vor, als würde das Gespräch ewig dauern. Nach dem Telefonat erklärte er mir, dass sie Besuch erwarten würden und sie deshalb noch einiges organisieren müssen.

Diese Missachtung versetzte mir den nächsten Schlag. Noch nie fühlte ich mich weniger wertgeschätzt. Als er noch einmal in meinem Bogen blätterte, sagte er mit einer Art, die in diesem Moment spöttisch auf mich wirkte: „Ich weiß genau, was Ihr Problem ist. Sie haben ein Problem, sich unterzuordnen, und deshalb haben sie ein Problem mit Vorgesetzten. Da kann ich Ihnen aber auch nicht wirklich helfen. Ich könnte ihnen Medikamente geben, aber das bringt auf Dauer ja auch nichts." Meine Hilflosigkeit wich verzweifelter Wut und Entsetzen, wie so jemand als Arzt praktizieren kann. „Danke, Sie haben mir sehr geholfen", sagte ich sarkastisch, und verließ ohne ein weiteres Wort die Praxis.

Als ich auf dem Weg nach Hause war, loderte die Wut über diesen inkompetenten Quacksalber so sehr in mir, dass ich gar nicht bemerkte, dass dies ein ganz anderes Gefühl war, als ich es vorher hatte. Ich war nicht mehr leer und kraftlos, sondern für eine Zeitlang wütend. Allerdings war mir in dem Moment nicht wirklich klar gewesen, dass ich damit den ersten Schritt in ein besseres Leben gemacht hatte. Der Zustand hielt nicht lange an, aber er war da, und er war anders als die Hilflosigkeit und Leere.

Ich ging nach Hause und nahm mir vor, mir selbst einen Ausweg zu suchen. Ich recherchierte im Internet, welche Möglichkeiten es mit meinen Symptomen gab, und probierte jede Technik, die ich nur finden konnte –, egal wie absurd sie auch war. In den folgenden Wochen und Monaten ging es mir immer besser. Ich begann alles, was mir vorher als unlösbares Problem erschien, zu optimieren. Ich klärte das Missverständnis mit meinem Freund, ich dünnte meinen Freundeskreis aus und bereinigte die Differenzen auf der Arbeit. Nach einigen Gesprächen wurde ich sogar befördert und verdiente mehr Geld. Ich lernte meine jetzige Frau kennen und lieben. Ich bildete mich immer weiter und weiter. Ich begriff menschliche Verhaltensmuster und wie sie zu ändern sind. Ich saugte alles wie ein Schwamm auf. Nun verstand ich auch, dass der Arzt mir wirklich geholfen hat, auch wenn er es so nicht beabsichtigt hatte. Er hat unabsichtlich meinen Gefühlszustand geändert. Das zeigte mir, dass es in nahezu jeder Situation möglich ist, seinen Gefühlszustand zu ändern. Zugegeben – in stark emotionalen Situationen erscheint dies unmöglich.

Oft will man einen solchen Gefühlszustand auch noch nicht ändern. Ich glaube fest daran, dass jeder Gefühlszustand seine Daseinsberechtigung hat, doch glaube ich ebenso fest daran, dass man den Gefühlszustand ändern können sollte, wenn er das eigene Leben zu sehr oder zu lange beeinträchtigt. Am Anfang ist es schwer – wie ein Motor, der zunächst nicht anspringt und nach schier endlosem Stottern doch noch funktioniert. Manchmal braucht es mehrere Versuche, doch von Mal zu Mal geht es schneller.

Ich habe es mir zur Aufgabe gemacht, Techniken zu finden, die es ermöglichen, leichter in einen besseren Zustand zu kommen. Dazu habe ich von den Besten gelernt und tue es noch. Lernen ist zu meinem Hobby, ja sogar zu meiner Passion geworden. Dank der Unterstützung meiner jetzigen Frau konnte ich an vielen Seminaren, Ausbildungen und Workshops teilnehmen. Ich bin ihr unendlich dankbar dafür, dass sie mich so sehr unterstützt.

Mittlerweile bin ich seit einigen Jahren als Coach und Trainer selbstständig und liebe es, Menschen bei ihren persönlichen Erfolgen zu begleiten und zu unterstützen. Dieses Buch soll ein weiterer Baustein sein.

In den folgenden Kapiteln möchte ich Ihnen die Techniken auf leicht verständliche Weise nahebringen, die mir und meinen Klienten die größten Erfolge gebracht haben. Ich wünsche mir, dass Ihnen diese Techniken ebenfalls dabei helfen, Ihr Leben noch besser zu machen. Sie haben den ersten Schritt getan, indem Sie dieses Buch gekauft haben.

Zu Beginn machen Sie sich eine Sache bewusst: Alles, was Sie in diesem Buch lesen, kann nur wirken und zum Erfolg führen, wenn Sie die Techniken auch wirklich anwenden und sich vom anfänglichen Motorstottern nicht entmutigen lassen. Die meisten Menschen wollen nur das Ergebnis ohne den Prozess. Das funktioniert aber nicht. Vom Kochbücher lesen wird bekanntlich auch keiner satt. Sie sollten sich vielmehr ins Gedächtnis rufen, was sie als Kind getan haben. Hätten Sie nicht alles ausprobiert und unablässig geübt und trainiert, würden Sie heute nicht dieses Buch lesen, nicht laufen, nicht Fahrrad fahren. Sollten Sie bei einigen Übungen Widerstände in sich spüren, sind das wahrscheinlich genau die Übungen, die das größte Wachstumspotential für Sie beinhalten. Denn dort, wo es unbequem wird, verlassen Sie Ihre Komfortzone, um zu wachsen. Ähnlich wie der Extrakilometer beim Joggen oder die zusätzlichen Wiederholungen beim Kraftsport Ihre Ausdauer und Muskeln wachsen lassen. Also lesen Sie, probieren Sie und trainieren Sie, was das Zeug hält!

„Das Ding mit dem Fokus" – der Titel ist Programm. Das gesamte Buch zielt darauf ab, Ihren Fokus zu verbessern oder neu auszurichten – sowohl im Umgang mit Situationen als auch im Umgang mit Körper und Geist. Meiner Meinung nach ist es genau das, was Sie tun müssen, um voranzukommen. Entwickeln Sie ein felsenfestes

Commitment zu wachsen und einen unerschütterlichen Fokus, um ein erfüllteres Leben zu führen.

Einige Anmerkungen vorweg

1.
Ich verwende der Einfachheit halber die männliche Ansprache. Also meine Damen, seien Sie mir nicht böse. Alle Techniken beziehen sich natürlich genauso auf die Leserinnen.

2.
Trotz aller positiven Veränderungen, die diese Techniken für mich und andere gebracht haben, sind diese kein Ersatz für psychologische oder medizinische Behandlung. Ungeachtet meines persönlichen Erlebnisses mit einem Arzt halte ich es für wichtig und richtig, sich in Situation Hilfe zu suchen, denen Sie sich nicht gewachsen fühlen.

3.
Dieses Buch versteht sich als ein kleiner und leicht verständlicher Wegweiser; als eine auf persönlichen Erlebnissen basierende Anleitung, wie Sie Ihren Fokus neu ausrichten können, um ein positiveres Lebensgefühl zu bekommen.

EIN KLEINES GEDANKENSPIEL

Würden Sie freiwillig verdorbene Lebensmittel zu sich nehmen? Schimmliges Obst, Gemüse oder Brot? Ranziges Fleisch oder saure Milch?
Nein?
Recht so, denn von verdorbenen Lebensmitteln wird man auf Dauer krank.
Wieso konsumieren Sie dann jeden Tag schlechte Gedanken?
Denn bekanntermaßen wird man auch von schlechten Gedanken auf Dauer krank.

Wir Menschen sollen ungefähr 60.000 bis 70.000 Gedanken pro Tag denken, das ist eine ganze Menge. Zirka 95 Prozent dieser Gedanken sind die gleichen wie am Tag davor. So viel Neues denken wir also in der Regel nicht. Das Gruselige ist, dass wir zu etwa zwei Dritteln negative Gedanken haben sollen. Der eine etwas mehr, der andere etwas weniger. Doch Alles in Allem ist das schon eine Hausnummer, oder? Sind Sie der Meinung, daran sollte sich etwas ändern?

Okay, dann fangen wir an!

Kapitel 1: Ein Fundament

Die erste Hürde haben Sie genommen, indem Sie meinen stark verkürzten Werdegang gelesen haben. Sie werden in diesem Buch immer wieder kleine Episoden aus meinen Leben zu lesen bekommen. Ich hoffe zutiefst, dass diese Abschnitte Ihnen als Beispiel dienen und Ihnen genug Anregungen geben, wie vielseitig die meisten Techniken sind.

Ab jetzt kann die beste Zeit Ihres Lebens beginnen, doch Sie müssen unbedingt die Kontrolle über Ihren Zustand übernehmen. Das geht leider nicht mal eben so. Sie müssen sich einige Rituale zu Ihren bestehenden Ritualen zulegen oder bestehende Rituale durch neue ersetzen. Die Ergebnisse, die Sie mit neuen Ritualen erreichen können, sind phänomenal. Doch dazu später mehr.

Seien Sie flexibel und probieren Sie es aus. Dieses Buch ist wie ein großer Werkzeugladen, also bedienen Sie sich und nehmen Sie die Werkzeuge, die Sie brauchen, für Ihren eigenen Werkzeugkasten mit.

In diesem ersten Kapitel finden Sie zunächst fünf einfache Bausteine, die Ihnen dabei helfen, Ihre Vorhaben anzugehen und auch durchzuziehen. Alle fünf sprechen für sich, wenn Sie den kurzen Text darunter gelesen haben. Die Überschriften können wunderbar als Erinnerung auf dem Desktop, der Pinnwand oder dem Handy-Display verewigt werden, um Sie so oft wie möglich daran zu erinnern. Das gilt im Übrigen für alle Überschriften und auch für Ihr Visionboard, auf das ich später noch zurückkommen werde. Wenn Sie das Buch aufmerksam lesen und damit arbeiten, reichen Ihnen in der Regel die Überschriften als Erinnerung.

• SCHREIBEN SIE, WAS DAS ZEUG HÄLT.

Haben Sie immer einen Stift und einen Block oder Notizbuch in Ihrer Nähe! Ein Tablet oder das Smartphone tun es auch, aber ich persönlich bevorzuge das Schreiben mit einem Stift. Machen Sie sich Notizen zu allem, was Sie für interessant oder wichtig halten. Zu Ideen, Geistesblitzen oder Anregungen, die bei Ihnen ein Licht aufgehen lassen. Immer wenn Sie das Gefühl haben, dass Sie eine gute Idee oder einen tollen Gedanken haben, machen Sie eine Notiz. Viele unserer Gedanken sind so flüchtig, dass sie bereits nach kurzer Zeit wieder weg sind. Egal ob Sie dieses Buch lesen, auf der Arbeit sind oder spazieren gehen – gewöhnen Sie sich an, Notizen zu machen.

Sie werden sehen, wie viele Gedanken Sie so besser verwerten und wesentlich leichter behalten können. Denn allein, dass Sie den Gedanken aufschreiben, hilft schon dabei, ihn besser zu behalten. Ebenfalls sollten Sie sich die Mühe machen, diese Gedanken mindestens einmal pro Woche zu bearbeiten. Mit etwas Abstand lassen sich gegebenenfalls einige wieder streichen, und andere entpuppen sich als wahre Perlen. In jedem Fall ist es sehr hilfreich. Das

Aufschreiben hilft Ihnen übrigens auch beim Arbeiten mit diesem Buch. Also los! Nehmen Sie sich Ihr bevorzugtes Mittel, um Notizen zu machen, und fangen Sie direkt an. Ich warte solange.

• Vorstellungskraft und Entschlossenheit
Der großartige Walt Disney hat ein mal gesagt: „If you can dream it, you can do it." Übersetzt heißt es „Wenn Du es träumen kannst, dann kannst Du es auch tun." Damit hatte er ja so recht. Die tollsten Dinge, die es heute gibt, waren am Anfang erst einmal ein Traum, eine Idee, ein Gedanke im Kopf einer Person.

Hätten sich diese Personen nicht vorstellen können, dass ihre Träume und Ideen Wirklichkeit werden, wären sie wahrscheinlich niemals Realität geworden. Egal ob Glühbirne, Auto oder Computer – alle Dinge, die heutzutage für uns selbstverständlich sind, sind allesamt aus der Vorstellung eines Menschen entstanden. Denn um ein Ziel zu erreichen, müssen Sie sich erst einmal vorstellen können, dass es möglich ist. Ohne die VORSTELLUNG, dass Sie etwas schaffen, werden Sie es wahrscheinlich nicht einmal versuchen.

Mir ging es so. Bis zu jenem Tag im Jahre 2006, den ich im Vorwort beschrieben habe, dachte ich nicht, dass ich mich einmal selber aus einer derartigen Situation befreien könnte. Ich hätte auch niemals daran geglaubt, einmal Trainer und Coach für Persönlichkeitsentwicklung und Kommunikation zu werden. Doch als ich meinen Fokus neu ausrichtete und immer mehr Selbstvertrauen bekam, wuchs auch mein Vorstellungsvermögen. Und jetzt sitze ich hier und schreibe dieses Buch. All das konnte ich nur erreichen, weil ich mir vorstellen konnte, dass es möglich ist. Viele Grenzen existieren nur in unserem Kopf. Einer meiner Lieblingssätze dazu lautet: „Es ist nur so lange unmöglich, bis es jemand tut." Glauben Sie an sich selbst und nutzen Sie ihre Vorstellung! Malen Sie sich in Gedanken aus, wie es ist, wenn sie ein Ziel erreicht haben, und lassen Sie sich nicht entmutigen. Was für andere gilt, muss noch lange nicht für Sie gelten. Sie müssen entschlossen sein, ihr Ziel zu erreichen. Und selbst wenn es im Moment unmöglich scheint, heißt es ja nicht, dass es so bleiben muss. Eventuell sieht die Lösung anders aus, als man sie sich im Moment vorstellt. Als man damals davon träumte, dass der Mensch einmal fliegen kann, hatte man sicher auch nicht das Bild eines Helikopters oder eines modernen Flugzeugs vor den Augen. Oder wer hätte vor 25 Jahren daran gedacht, dass wir mit unseren Smartphones neben Telefonieren einmal Fotos und Videos machen, navigieren, E-Mails verschicken, Videospiele spielen und unser Haus steuern können.

Sie sehen, wie viele Dinge möglich geworden sind, nur weil einige Menschen genug Vorstellungskraft besaßen und dies alles realisierten. Lassen sie sich von Widrigkeiten nicht abhalten! Nur weil sie eine Absage bekommen oder etwas nicht beim ersten Mal funktioniert, dürfen Sie nicht aufgeben. Die großen Visionäre dieser Welt mussten oft viel einstecken, bevor sie ihr Ziel erreichten. Es heißt, Walt Disney bekam hunderte Absagen, bevor es ihm ermöglicht wurde, Disneyland zu bauen. Sich auf den Weg zum Ziel zu machen, hat oft schon eine enorme Auswirkung. Wenn Sie bei einem Flugzeug das Seitenruder während des Fluges nur ein paar Grad in eine andere Richtung bewegen, kommen Sie in einem ganz anderen Land an, als wenn Sie dies nicht tun. Auch kleine Veränderungen können große Auswirkungen haben. Wenn Sie also eine Vorstellung davon haben, wohin Sie wollen, und an sich glauben, machen Sie sich auf den Weg! Manchmal ist nicht das Erreichen des Ziels am wichtigsten, sondern die Person, die Sie auf dem Weg dorthin geworden sind. Denn der Weg zum Ziel lässt Sie wachsen. Setzen Sie sich Ziele, träumen Sie, glauben Sie, benutzen Sie ihre Vorstellungskraft und Entschlossenheit. Mehr zum Thema Vorstellung und Visualisierung erfahren Sie in Kapitel sechs.

• DIE 72-STUNDEN-REGEL

Ich war ein ganz großer Aufschieber. Ich habe fast alles, was nicht direkt mit Vergnügen zu tun hatte, immer vor mir hergeschoben. Selbst Dinge, die mich weiterbringen konnten oder die mir im zweiten Schritt Vergnügen versprachen, waren kein wirklicher Anreiz zur Erledigung. Nach ein paar Tagen waren die Gedanken daran auch schon fast wieder verschwunden. Wenn ich dann hin und wieder mal etwas von diesen Dingen erledigte, stellte ich oft fest, dass es halb so wild war und fast immer zu meinem Vorteil. Doch ich brauchte immer eine Struktur, einen Fahrplan, an den ich mich halten konnte, um etwas zu verwirklichen. Dann hörte ich von der 72-Stunden-Regel. Jedes Vorhaben sollte innerhalb von 72 Stunden begonnen werden. Wie bereits erwähnt, stellte ich in der Vergangenheit fest, dass jedes Vorhaben, welches ich nicht rasch umsetzte, relativ schnell wieder in Vergessenheit geriet. Ich stellte weiterhin fest, dass die Anfangsenergie meist nach drei bis vier Tagen fast vollkommen verschwunden war. 72 Stunden sind ein Zeitraum, in dem es sich einrichten lässt, seine Ideen in die Tat umzusetzen. Ausreden funktionieren vielleicht glaubhaft an einem Tag, aber in 72 Stunden findet jeder die Zeit, einen Anfang zu machen – sei er auch noch so klein. Innerhalb von 72 Stunden sollte auch noch genug Schaffens-Energie zur Verfügung stehen. Auf jeden Fall zählt: Je früher desto besser!

• SPAß AM SCHEITERN ODER DIE POSITIVE GRUNDEINSTELLUNG

Viel zu oft habe ich mich entmutigen lassen, weil Dinge nicht so liefen, wie ich es mir gewünscht hatte – begleitet von Sätzen wie „Das schaffe ich eh nicht" oder „Das ist nichts für mich" brach ich die meisten etwas anspruchsvolleren Vorhaben wieder ab. Doch dann kam eine meiner Trainerinnen mit dem Satz: „Hab Spaß am Scheitern!" Anfangs dachte ich, die Frau hat ne Macke. Doch im Nachhinein stellte sich heraus, dass das eine der besten Ideen war, die man überhaupt haben konnte. Denn als ich das Konzept verstanden hatte, erschien mir alles viel einfacher.Bei einem Vorhaben zu scheitern ist nichts Negatives und beim besten Willen nichts Endgültiges, sondern vielmehr das beste Lernwerkzeug, um einen Fehler nicht zu wiederholen und Abläufe zu optimieren. Werfen Sie einen Blick in die Vergangenheit und erinnern Sie sich daran, wie oft Sie als Kind an Dingen gescheitert sind und trotzdem den Spaß nicht verloren haben – an Dingen, die Sie heute problemlos beherrschen. Ich bin zum Beispiel als Kind beim Fahrrad fahren oft auf die Nase gefallen und trotzdem immer wieder aufgestiegen, bis ich es konnte! Eine positive Grundeinstellung ist dabei außerordentlich wichtig. Sich nicht entmutigen lassen und sich auf die schönen Dinge im Leben zu konzentrieren und sich darauf zu konditionieren, dass immer wieder auch gute Dinge passieren, die es wahrzunehmen gilt. Ich erinnere mich noch an einen Urlaub. Ich war dreizehn oder vierzehn

Jahre alt. Ich war mit meinem besten Freund und seinem Vater im Holland – für uns ein Abenteuerurlaub par excellence. An einem Tag erlebte ich gleich drei Beispiele für starke Fokusveränderungen, welche von meinen jugendlichen Ich aber noch gut verkraftet wurden. Im Nachhinein sehe ich dies als Beweis dafür, dass sich der Fokus in beide Richtungen blitzschnell verändern kann. Die Grundausrichtung ist maßgeblich daran beteiligt, in welche Richtung wir mehr tendieren. An diesem Tag waren wir am Strand. Wie es bei Jungs in unserem Alter üblich war, dauerte es keine fünf Minuten, bis wir die Luftmatratze aufgeblasen hatten und uns in Badehosen in die See gestürzt hatten. Die Luftmatratze lag quer im Wasser, und wir lagen beide mit dem Oberköper darauf. Unsere Beine waren frei im Wasser und wirkten durch unser Strampeln wie der Außenbordmotor eines Bootes. Ich glaube, jeder kann sich vorstellen, wie viel Spaß wir hatten. Das Alter, in dem nur der Moment zählt, ist für jeden ein Segen, auch wenn man es erst später erkennt und versteht. Wir strampelten also wie wild in die Wellen, die uns immer wieder einen kleinen Sprung bescherten. Bei einem dieser Sprünge verlor ich den Halt. Wir wurden etwas auseinandergetrieben. Ich erkannte, dass ich ohne Luftmatratze zu langsam war, um meinen Freund einzuholen, und schwamm Richtung Strand. Ich geriet bei einer Wellenbrecheranordnung in einen Strudel, sodass ich weder vorwärts noch zurück kam.

In diesem Moment änderte sich meine Stimmung von Freude auf Panik. Mein Fokus verlagerte sich vom lustigen Wasserspiel zum Bestreben, schnell aus der Gefahrenzone kommen. Ich rief nach meinem Freund, der schon in meine Richtung unterwegs war, jedoch noch etwas weiter entfernt war. Ich versuchte, mich an den Holzpfählen festzuhalten, welche in Zweierreihen als Wellenbrecher aus dem Wasser ragten. Doch da die See nun einmal stärker ist als ein pubertierender Junge, riss sie mich wieder los. Die daran festgewachsenen Muscheln fügten mir winzige Schnitte an Armen, Brust und Beinen zu. Dies nahm ich aber infolge der enormen Adrenalinausschüttung nicht wahr.

Nach dem zweiten oder dritten erfolglosen Versuch, mich an den Pfählen Richtung Strand zu ziehen, erreichte mich mein Freund und rettete mich mit der Luftmatratze aus dieser brenzligen Situation. Nicht auszumalen, was passiert wäre, wenn er nicht so schnell da gewesen wäre! Noch etwas aufgewühlt kamen wir am Strand an. Als ich aus dem Wasser auf den sandigen Boden lief, sah ich plötzlich, dass aus den zahlreichen kleinen Schnittwunden ein wenig Blut kam. Gleichzeitig spürte ich dieses unangenehme Gefühl, welches Salzwasser in offenen Wunden hervorruft. Mit sicherem Boden unter den Füßen war das kein Anlass zur Sorge, sondern eher zu einem heroischen Foto. Ich kniete also im Sand mit ausgebreiteten Armen, während Blut aus den kleinen Einritzungen an Brust und Armen trat. Es waren nur ein paar Tropfen, die sich aber in unserer Welt prima zum Ausschmücken dieser dramatischen Geschichte eigneten.

Kurze Zeit später brannten die Wunden noch ein wenig, bluteten aber schon nicht mehr – der Vorfall war auch schon fast wieder vergessen. Mein Fokus änderte sich also von Spaß auf Gefahr und wieder auf Spaß. Innerhalb kürzester Zeit war ich wieder im Urlaubsfeeling. Bis zu dem Moment, als ich auf dem Campingplatz unter der Dusche stand und mich mit Duschgel einrieb. Wer glaubt, dass Salzwasser in einer offenen Wunde brennt, hat noch nie Duschgel ausprobiert. In dem Moment, als ich nahezu jodelnd unter der Dusche stand, brachte ich meinen Freund zum Lachen und meinen Fokus wieder auf meine Wunden. Als das Duschgel abgewaschen war, fühlte ich mich auch schon wieder topfit und begann, mit dem Föhn mein schulterlanges Haar zu trocknen. Wir waren nämlich am frühen Abend mit ein paar Mädchen vom Nachbarcampingplatz verabredet, und da musste die Frisur natürlich sitzen.

Frisch gestylt saßen wir später noch beim Grillen zusammen und stärkten uns mit ein paar Würstchen für unseren abendlichen Ausflug. Die Sonne schien, die Laune war bestens. Da wurde ich plötzlich von einer Taube voll angeschissen. Der Vogelmist traf mich genau am Kopf und lief mein Haar herunter. Ruckzuck änderte sich mein Fokus von Spaß und Sonne auf Vogel, und alle Beteiligten hatten wieder einen Grund zu lachen. Darauf folgte natürlich wieder Duschen, Jodeln und Föhnen.

Damit hatte sich mein Fokus an diesem Tag schon dreimal in Windeseile von gut auf schlecht und wieder auf gut geändert. Rückblickend verstand ich, dass sich auch nach einem negativen Erlebnis der Fokus wieder auf die positiven Dinge richten lässt. Hätte ich damals nicht so eine positive Grundeinstellung gehabt, wäre der Urlaub wahrscheinlich schon für mich gelaufen gewesen.

Wichtig ist also, dass Sie ihre Grundkonditionierung auf das Schöne im Leben richten. Denn dann fällt es ihnen leichter, den Fokus wieder umzulenken.

• MACHEN SIE DINGE ANDERS!

Think outside the box! – das ist das Motto. Wer sich in immergleichen Mustern und Verhaltensweisen bewegt, kann nicht mit anderen Resultaten rechnen. Oft höre ich in Firmen oder auch bei Privatpersonen Sätze wie „Das haben wir schon immer so gemacht". Manchmal müssen Sie nur eine Kleinigkeit anders machen als bisher, und schon ändert sich alles. Das gilt für alle Bereiche – für kleine und auch für große. Ich zum Beispiel habe meine Art zu lesen geändert. Früher habe ich still gelesen, was zu Folge hatte, dass ich immer wieder den Faden verlor und viele Absätze doppelt lesen musste. Lesen war für mich anstrengend und lästig.

Aus diesem Grund schaute ich als Kind und Jugendlicher fast nur Filme und las bis zu meinem achtzehnten Lebensjahr insgesamt nur drei Bücher. Eine traurige Bilanz. Doch dann fing ich an, mich für Dinge zu interessieren, die fast nur in Schriftform abgehandelt wurden, und so musste ich mir etwas einfallen lassen. Also las ich die Bücher langsam und laut. Siehe da! Sobald ich die Bücher laut las, verlor ich den Faden nicht mehr, konnte dem Inhalt besser folgen und verbesserte nebenbei meine Aussprache. Durch diese kleine Veränderung hat sich bei mir viel bewegt. Ich lese mittlerweile mit Begeisterung viele Bücher pro Jahr und konnte mir so wichtiges Wissen für meinen Beruf aneignen.

Grund genug, einfach mal aus seinen bisherigen Mustern auszubrechen und etwas anders zu machen. Fahren Sie einen anderen Weg zur Arbeit, hören Sie ein Hörbuch anstatt Radio im Auto, oder lesen Sie einfach laut statt leise. Erweitern Sie Ihren Horizont und damit auch Ihre kognitiven Fähigkeiten. Bisweilen steuern kleine Knöpfe große Maschinen. Also ändern Sie Kleinigkeiten und lassen Sie sich überraschen, was passiert. Probieren Sie diese fünf Mittelchen einfach aus und erlauben Sie sich festzustellen, wie wirkungsvoll sie sein können. Mir helfen sie heute wie damals. Jetzt haben Sie meine fünf Grundsteine kennengelernt. Als nächstes wenden wir uns Ihrem Fokus und Ihrer positiven Ausrichtung zu.

Kapitel 2 : Die Blickrichtung anpassen

Stellen Sie sich vor, Sie müssten einen Wagen durch einen Parcours mit vielen Rechtskurven lenken. Kein Problem, werden Sie denken. Und jetzt stellen Sie sich vor, dass Sie dabei die ganze Zeit nur nach links gucken dürfen. Unmöglich? Genau! Es ist unabdingbar, seinen Fokus auf die Lösung zu richten und nicht auf das Problem. Sie werden sicher einsehen, dass Sie nicht sicher nach rechts fahren können, wenn Sie nur nach links gucken. Das Wichtigste an diesem Beispiel ist, dass die Energie der Aufmerksamkeit folgt. Ich habe mich anfangs nur auf meine vermeintlichen Probleme konzentriert, deshalb floss meine gesamte Energie in das, was ich nicht wollte. Diese Lösung klingt banal und einfach, doch bei genauem Hinsehen gibt es immer diesen einen Einsatz, den sie unbedingt erbringen müssen. Sie müssen es tun und zwar immer und immer wieder. Jetzt zu den Techniken, die mir und vielen meiner Klienten den richtigen Fokus zurückgebracht haben.

• VOM PROBLEM- ZUM LÖSUNGSFOKUS

Fragen sind die Lösung. Denn Fragen lenken unseren Fokus, und damit haben Sie schon das wichtigste Werkzeug, um Ihre Aufmerksamkeit in die richtige Richtung zu bewegen. Stellen Sie sich die richtigen Fragen. Kontrollieren Sie selbst, worauf Sie sich konzentrieren. Richten Sie ab sofort Ihren Fokus nicht mehr auf das Problem, sondern auf die Lösung. Das Schwierigste daran ist festzustellen, dass man sich im Problemfokus befindet. Ab sofort trainieren Sie, sich selbst zu ertappen, und jedes Mal, wenn Sie das tun, stellen Sie sich ab sofort die Fragen: **„Was will ich? Wie kann ich es erreichen?"**
Zum besseren Verständnis müssen Sie wissen, dass Ihr Gehirn wie ein Taschenrechner funktioniert. Wenn Sie einem Taschenrechner eine Aufgabe stellen, wird er sie zwangsläufig lösen. Wenn Sie Ihrem Gehirn eine Frage stellen, wird es eine Antwort finden. Wenn Sie ihm eine lausige Frage stellen, bekommen Sie auch eine lausige Antwort. Also ist es an Ihnen, sich die richtigen Fragen zu stellen. Anstatt zu Fragen „Warum immer ich?" oder „Wie konnte mir das passieren?", sollten sie fragen: **„Was will ich? Wie kann ich es erreichen?"**

Diese einfachen Fragen bringen Sie in den Lösungsfokus. Bis jetzt sind die Techniken doch wirklich leicht zu verstehen und umzusetzen, oder? Doch an dieser Stelle wiederhole ich mich noch einmal. Nur lesen reicht nicht. Tun Sie es! Nehmen Sie direkt eine Situation, an die Sie sich erinnern, in der Sie sich mit einem Problem beschäftigt haben, und stellen Sie sich die oben genannte Fragen. Sollten Sie wieder von der Lösungsidee abkommen und in alte Gedankenmuster abschweifen, so stellen Sie sich die Fragen erneut. Die Erklärung für solche Rückschritte liegt in der Energieeffizienz unseres Gehirns. Das Gehirn ist ein Energiesparorgan. Es läuft rund um die Uhr und obwohl es nur ungefähr zwei Prozent der Körpermasse einnimmt, benötigt es etwa fünfunzwanzig Prozent der Energie des Körpers. Kein Wunder, denn es denkt nicht nur, sondern regelt alle Abläufe im Körper: Regeneration , Atmung, Stehen, Laufen, Sehen und vieles mehr – also alles, was wir im Tagesablauf benötigen. Darum teilt es die Energie auch sparsam ein, denn seine rund hundert Milliarden Neuronen kommen mit einer Leistung von ungefähr zwanzig Watt aus, während moderne Hochleistungsrechner das Vieltausendfache an Energie benötigen würden. Da bereits etablierte Verhaltensmuster– wie beispielsweise im Problemfokus zu sein – weniger Energie verbrauchen, fallen sie uns wesentlich leichter. Denn unser Gehirn will Energie sparen. Es kann also passieren, dass sie öfter in diese Muster zurückfallen. Darum müssen Sie trainieren. Denn Gehen ist ja auch leichter als Joggen. Es sei denn, sie sind bereits trainiert, dann gibt es vielleicht eine andere Sportart, die für Sie anstrengend ist. Trainieren Sie also neue Verhaltensmuster so lange, bis sie nicht mehr anstrengend sind. Um sich nachhaltiger auf den Lösungsfokus zu konzentrieren, sollten Sie auch auf Ihre Sprache achten. Denn wie wir mit uns selber und anderen reden, kann entscheidend sein. Ja, Sie haben richtig gelesen: Wir reden unentwegt mit uns selber. Im Fachjargon nennt man das „innerer Dialog". Die Stimme, mit der wir uns im Kopf Erklärungen geben, Fragen stellen oder einfach nur die Einkaufsliste durchgehen, ist ein ständiger Begleiter, den es nicht zu unterschätzen gilt. Denn die Sprache im Inneren und die nach außen gerichtete gleichen sich. Darum sollten Sie auch darauf achten, wie Sie mit sich selber sprechen. Um sich auf Ziele und Lösungen zu fokussieren, sollten Sie Negationen unbedingt vermeiden. Ich gebe Ihnen ein Beispiel. Denken Sie nicht an ein blaues Schwein. Okay, woran haben Sie gerade gedacht?

Sehen Sie, Ihr Gehirn kann Negationen so nicht umsetzen. Um an etwas nicht zu denken, müssen Sie erst einmal daran denken. Achten Sie darauf, wenn Sie das nächste Mal zu sich oder anderen sagen: Ich will dieses oder jenes nicht. Denn dann beschäftigen Sie sich automatisch mit dem, was Sie nicht wollen. Formulieren Sie unbedingt positiv, das heißt, nennen Sie das, was Sie wollen, und nicht das, was sie nicht wollen. Stellen Sie sich einfach vor, Sie sind ein kleines Kind, welches einen Wunschzettel schreibt. Sie sitzen mit einem Stift in der Hand vor einem weißen Blatt Papier, wohl wissend, dass Sie das bekommen, was Sie auf diesen Zettel schreiben. Würden Sie all das aufschreiben, was Sie nicht wollen? Wohl kaum.

· GLÜCKSJOURNAL – DEN POSITIV-FOKUS VERSTÄRKEN

Ich war ein absoluter Nachrichtenjunkie. Bei meinem Morgenkaffee habe ich das erste Mal Nachrichten geschaut, und im Bett nachts um null Uhr das letzte Mal – dazwischen ein paar Mal Nachrichten im Radio. Alle Themen wurden mit den Kollegen ausgiebig diskutiert. Je grausamer die Nachrichten, desto mehr Gesprächsthemen. Die normalen Gespräche liefen ähnlich ab. In der Firma war neben „guten Morgen" „Ich habe keinen Bock" die häufigste Begrüßung. Welch positiver Start in den Tag! Gefolgt von den shocking shorts: Wer hat gekündigt? Wem wurde gekündigt? und ähnliches. Je schlimmer, desto besser. Zuletzt habe ich kaum noch Positives um mich herum wahrgenommen. Mein Fokus war absolut auf das Negative gerichtet. Kein Wunder – ich habe mir mehrfach am Tag eine halbe Stunde lang das Schlimmste angesehen, was die Welt zu bieten hat. Ich habe mich nur über negative Themen unterhalten und nicht bemerkt, wie mich das immer mehr runterzog. Als mir das bewusst wurde, habe ich nach Möglichkeiten gesucht, dem entgegenzuwirken. Also schränkte ich meinen negativen Informationskonsum ein und schrieb ein **Glücksjournal.** Wieder so ein einfaches Instrument. Ein **Glücksjournal** ist so einfach wie auch wirkungsvoll. Jeder von uns hat abends vor dem Schlafen fünf Minuten Zeit. Nehmen Sie sich ein Stift und ein Notizbuch oder einen Block und schreiben Sie jeden Abend fünf Minuten lang alles Positive vom Tag auf. Jede

Kleinigkeit zählt – vom Kompliment über die grüne Ampelwelle bis hin zum Centstück, welches Sie auf dem Boden finden. Lassen Sie nichts aus und erkennen Sie es als positives Ereignis an. Jeden Tag fünf Minuten vor dem Einschlafen. Das Ergebnis ist verblüffend.

Hier der Beweis, dass die Energie der Aufmerksamkeit folgt: Haben Sie sich jemals für ein neues Auto interessiert und sich umfassend darüber informiert, und kurze Zeit später sehen Sie das gleiche Modell an jeder Straßenecke? Oder hören Sie in den Nachrichten von Bomben in herrenlosen Koffern und fragen sich bei dem nächsten alleingelassenen Gepäckstück, ob es eine Bombe sein könnte? Die Energie folgt der Aufmerksamkeit, und jetzt raten Sie mal, wozu es führt, wenn Sie sich täglich mit Ihren positiven Erlebnissen beschäftigen. Richtig! Sie werden Ihren Fokus nach und nach auf das Schöne in Ihren Leben richten. Das **Glücksjournal** hat direkt zwei Dinge für mich getan, die meinen Fokus wieder in die richtige Richtung gelenkt haben. Zum einen richtete ich meine Aufmerksamkeit auf die schönen Momente im Leben. Zum anderen waren meine letzten Gedanken während des Einschlafens nicht beim Schlimmsten, was auf der Welt passiert, sondern beim Besten, was mir der Tag geboten hatte. Das **Glücksjournal** ist eines der einfachsten und besten Instrumente, welches übrigens auch prophylaktisch genutzt werden kann. Hier sind Kontinuität und Ausdauer wichtig. Ich schrieb acht Monate mein **Glücksjournal** ununterbrochen und tue es auch bis heute noch mehrmals in der Woche, um mir bewusst zu machen, wie viele tolle Momente ich Tag für Tag erlebe.

Da viele Menschen, denen ich die Aufgabe gegeben habe, das Glücksjournal zu führen, nicht so recht wussten, was Sie schreiben soll-ten, habe ich der Einfachheit halber ein paar Fragen zusammengestellt. Diese Fragen sollen Ihnen dabei helfen, einen Einstieg zu finden. Hiermit lade ich Sie ein, die Fragen einfach mal auszuprobieren. Sie können die Fragen natürlich auch noch ergänzen, wenn Sie noch mehr glück-liche Gedanken aufschreiben wollen

Was ist mir heute Gutes widerfahren?
Dazu zählt jede noch so kleine Kleinigkeit: Kompliment, grüne Welle, Centstück …

Wofür bin ich dankbar?
Dies können ruhig allgemeine Dinge sein, die sich auch wiederholen dürfen. Beispielsweise Gesundheit, der Partner, die Familie. Um den Rahmen zu erweitern, sollten Sie allerdings jeden Tag eine neue Sache hinzufügen.

Worauf bin ich stolz?
Das dürfen ebenfalls auch Dinge sein, die nicht auf einen Tag oder eine Sache beschränkt sind. Nehmen Sie ruhig Dinge und Erfolge aus vergangenen Zeiten und führen Sie sich damit wieder vor Augen, welch großartige Leistungen Sie bereits vollbracht haben.

Wen liebe ich und warum?
Lassen Sie niemanden aus. Von leichter platonischer Zuneigung bis hin zu tiefer leidenschaftlicher Liebe. Ob es Ihre bessere Hälfte ist, die alles für Sie tut, oder der Arbeitskollege, der Sie immer wieder unterstützt und Ihren Tag erleichtert.

Wer liebt mich und warum?
Diese für viele Menschen schwierige Frage ist sehr bedeutsam. Hiermit finden Sie heraus, was andere an ihnen lieben, und wie liebenswert Sie sind. Wenn es Ihnen schwer fällt, überhaupt eine Antwort zu finden, fragen Sie ruhig ihr vertrautes

Umfeld, wer was an Ihnen schätzt, mag oder liebt. Sie werden mehr positives Feedback bekommen als Sie vermuten.

Wem habe ich heute etwas Gutes getan?
Vielleicht haben Sie jemandem ein Lächeln Geschenkt, jemand anderes an der Kasse vorgelassen oder die Tür aufgehalten. Jede dieser kleinen Gesten hilft dabei, anderen den Tag zu versüßen. Wer weiß? Vielleicht schreibt diese Person das gerade in ihr Glücksjournal unter die Frage: Was ist mir heute Gutes widerfahren?

Ein kleiner Tipp für alle, die sich vor dem Einschlafen mit Gedanken wie zum Beispiel den folgenden auseinandersetzen: Habe ich dies oder jenes erledigt? Das muss ich noch erledigen! Um nicht mit diesen unruhigen Gedanken an das Glücksjournal zu gehen und auch mit wirklich guten Gedanken einschlafen zu können, gehen Sie in Ihren inneren Taskmanager –ähnlich wie beim Computer –, schreiben Sie die Dinge auf ein separates Blatt und schließen Sie die Gedanken. So stellen Sie sicher, dass Sie die Dinge nicht vergessen, und müssen sich damit nicht Ihre Gute-Nacht-Gedankenhygiene versauen. Erst dann schreiben Sie das Glücksjournal und schlafen mit Ihren guten Gedanken ein.

• SPRICH ÜBER DEIN GLÜCK!

Ich habe ja bereits geschrieben, dass ich zu meinen nicht gerade besten Zeiten täglich mehrfach über viele negative und belastende Dinge gesprochen habe, und alle meine Gesprächspartner haben sich mit den gleichen Dingen befasst. In meiner Zeit als Coach sind mir sehr viele Menschen begegnet, die es ganz genauso gemacht haben. Auf meine Frage, warum Sie nicht über die schönen Dinge des Lebens sprechen, bekam ich häufig ähnlich erschreckende Antworten. „Es gibt nicht viel Gutes zu erzählen." Oder „Da fällt mir nicht viel ein." Doch so habe ich vor einigen Jahren auch noch gedacht, und ich glaube, dass es vielen Menschen so geht.

Oft habe ich positive Momente nicht wirklich wahrgenommen oder als solche erkannt, weil mein Fokus einfach nicht darauf ausgerichtet war. Nachdem ich meinen Fokus mit den vorherigen Methoden wieder neu ausgerichtet hatte, begann ich mit **Sprich über Dein Glück!** Ich wurde mir nicht nur über meine tollen Momente bewusst, sondern ich teilte sie auch mit anderen. Anfangs war es etwas ungewohnt, so wie neue Schuhe. Es war nicht direkt bequem. Statt mit meinen Kollegen über die anstrengende Fahrt zur Arbeit zu sprechen, die gespickt war mit roten Ampeln, Sonntagsfahrern und den neusten Schreckensnachrichten aus aller Welt, erzählte ich, wie gut es mir geht, wie schön der vorige Abend oder wie gut das neue Hörbuch war. Meine Themenauswahl verlagerte sich auf alles Gute, was mir widerfuhr. Anfangs wurde ich etwas eigenartig angesehen, doch nach einigen Wochen stimmten sich einige Kollegen darauf ein, und ich hörte immer öfter, wie positiv ich sei. Das war wie Balsam für meine Seele. Es war mir gar nicht so stark bewusst, doch je öfter ich es hörte, desto besser gefiel es mir. Es machte mich sogar stolz. Ich war stolz darauf, dass ich aus einem depressiven, nahezu handlungsunfähigen Menschen zu einer Person wurde, der anscheinend nichts die Laune trüben konnte.

Sprich über Dein Glück! hatte seine Wirkung nicht verfehlt. Ich stärkte meinen positiven Fokus und steckte andere damit an. Schon nach kurzer Zeit war es normal für mich, meine schönen Erlebnisse mitzuteilen, und ehrlich gesagt fühlte es sich auch viel besser an als dieses ewige Genörgel und Schwarzmalen. Versuchen Sie es! Fangen Sie sofort an und erzählen Sie Ihrem nächsten Gesprächspartner von einem positiven Erlebnis!

So, der Anfang ist gemacht. Jeder ist bekanntlich anders. Die einen lernen schnell, die andern langsam, und wieder anderen fällt alles zu. Doch in einem Punkt stimmen alle überein: um etwas zu verändern, müssen sie handeln. Die ersten drei Übungen sollten Sie täglich machen. Das **Glücksjournal** ist dabei mit Abstand am einfachsten umzusetzen, weil Sie dafür kein bestehendes Muster ändern müssen. Sie müssen nur konsequent sein und jeden Abend mindestens fünf Minuten Ihren besten Momenten des Tages widmen und daraus ein Muster machen.

Es gibt zwei Möglichkeiten, neue Verhaltensmuster zu etablieren.

1. Durch starke Emotionen. Wenn Sie beispielsweise als Kind von einem Hund gebissen wurden, so ist es durchaus möglich, dass Sie als Erwachsener immer noch Angst vor Hunden haben. Angst und Schmerz und somit starke Emotionen haben dieses unterbewusste Muster etabliert. Oder vielleicht hatten Sie als Kind einen Hund oder ein anderes Haustier, welches Ihnen so viel Freude und Liebe beschert hat, dass Sie nie wieder ohne Haustier sein wollen. Dann hat Liebe und Freude ein Muster erschaffen. Ebenfalls starke Emotionen – in meinen Augen die schöneren.

2. Durch Wiederholung. Vielleicht erinnern Sie sich noch an Ihre erste Fahrstunde. Die totale Reizüberflutung! Sie mussten Gas geben, bremsen, kuppeln, lenken, auf den Verkehr achten und dem Fahrlehrer zuhören. Es schien nahezu unmöglich, das alles gleichzeitig zu bewältigen. Wenn Sie jedoch längere Zeit Auto fahren, denken Sie nicht mehr darüber nach, wann Sie in den nächsten Gang schalten, wann Sie die Kupplung kommen lassen und wie fest Sie aufs Gas treten. Nein, es passiert fast automatisch. Das alles durch die Macht der Wiederholung.

Wiederholung ist genau das, was Sie sich zunutze machen müssen, um Ihre neuen Verhaltens-

39

muster zu etablieren. Dabei rede ich nicht von fünf- oder zehnmal. Nein!

Sie brauchen ungefähr siebzig bis hundert Wiederholungen, um ein neues Verhaltensmuster zu etablieren, das heißt etwa zwei bis drei Monate. Geben Sie nicht auf, bis es Ihnen nichts mehr ausmacht, weiterzumachen.

Beim **Lösungsfokus** und bei **Sprich über Dein Glück** sieht es schon etwas anders aus. Sie haben bereits Verhaltensmuster etabliert, die Sie jetzt unterbrechen und ersetzen müssen. Das heißt aber, dass Sie diese Verhaltensmuster erst einmal entlarven müssen. Allein, dass Sie jetzt darüber gelesen haben, bringt Ihnen einen erheblichen Vorteil. Vielleicht fallen Ihnen schon direkt Situationen ein, in denen Sie zum Nörgeln tendieren, oder in denen Ihre Gedanken sich um ein Problem anstatt um eine Lösung drehen. Damit haben Sie schon Ihre erste Baustelle gefunden. Wenn Sie klar identifizierte Situationen haben, in denen ungeliebtes Verhalten auftritt, können Sie direkt dabei ansetzen. Hilfreich ist es auch, jemanden zu haben, der Sie ab und zu unterstützt und Sie darauf hinweist, dass Sie sich gerade mit Nörgeln und negativen Gedanken befassen. Es sollte jemand sein, den Sie gern haben, und auf den Sie hören. Andernfalls kreiden Sie der Person solche Hinweise womöglich als Angriff an.

Falls Sie niemanden mit ins Boot nehmen wollen – es funktioniert auch gut alleine. Das Schöne ist, dass alle drei Techniken sich gegenseitig stützen. Denn jedes Mal, wenn Sie zum Beispiel ihren Fokus erfolgreich ändern konnten – und sei es auch nur für einen Moment –, können Sie es am Abend in Ihr Glücksjournal schreiben und darüber sprechen, dass Sie sich selber aus einer schlechten Situation befreit haben. Je öfter es Ihnen gelingt, desto leichter wird es. Wichtig ist, dass Sie sich nicht vom Motor entmutigen lassen, der nicht sofort anspringt.

Achtung! Sie beschreiten mit diesen Techniken einen Weg, der ihr Leben in eine positivere Richtung führt! Am Wegesrand werden Sie immer wieder Leute treffen, die diesen Weg nicht gehen. Lassen Sie sich nicht entmutigen! Sätze wie „Man kann sich auch alles schönreden", „Du unverbesserlicher Optimist" oder ähnliches werden Sie das eine oder andere Mal zu hören bekommen. Ich weiß nicht, wie Sie dazu stehen, doch ich beschäftige mich lieber mit schönen Momenten als mit schlechten, und ich finde lieber eine Lösung anstatt mich im Problem zu verlieren. Die Frage „Welche Nachricht willst Du zuerst hören – die gute oder die schlechte?" kennt glaube ich jeder, und wenn Sie ganz ehrlich sind, könnten Sie auf die schlechte auch getrost verzichten. Oder? Also geben Sie sich und Ihrem Umfeld doch einfach mehr von den Nachrichten, die jeder lieber hat. Ich möchte damit nicht bewirken, dass Sie Probleme ignorieren, aber Sie sollten sie als das sehen, was sie sind, und sie nicht noch schlimmer machen. Sie können an diesen Situationen wachsen, ja sie brauchen sie sogar oft, um zu wachsen. Vielen guten Ergebnissen gingen große Widrigkeiten voraus. Wäre ich nicht am Rande der Verzweiflung gewesen, hätte ich wahrscheinlich auch nicht diese Entwicklung gemacht. Doch dazu mehr in Kapitel siebzehn. Mein Ziel ist, zu wachsen und glücklicher zu werden, und wenn Sie das genauso sehen, können Sie vielleicht auch andere damit begeistern. Sollte Ihnen ihr Lösungsfokus oder die positive Ausrichtung nicht gefallen, können Sie natürlich jederzeit zurück in Ihre alten Verhaltensmuster. Wenn Sie es jedoch positiv mögen – hier eine kleine Challenge:

In den kommenden vierzehn Tagen halten Sie sich an die drei Positiv-Fokus-Übungen: Problem- und Lösungsfokus, Glücksjournal, Sprich über dein Glück. Ändern Sie vierzehn Tage nonstop Ihren Problemfokus, schreiben ein Glücksjournal und sprechen Sie täglich über positive Dinge. Wenn Sie eine Übung auslassen oder sich mehr mit Negativem beschäftigen, anstatt dagegen zu wirken, fangen die vierzehn Tage wieder von vorne an. Sie müssen natürlich auch ehrlich zu sich selber sein. Wie sieht es aus? Nehmen Sie die Herausforderung an?

Kapitel 3: Körper und Geist, Geist und Körper

Unser Geist wirkt auf unseren Körper. Unsere Gedanken lenken den Körper nicht nur, sie beeinflussen ihn auch. Ich denke, jeder hat schon einmal von psychosomatischen Erkrankungen gehört – von körperlichen Erkrankungen und Beschwerden, die durch psychische Belastungen hervorgerufen werden. Umgekehrt geht es vielen Menschen, die emotional gesund und glücklich sind, auch oft körperlich besser.

Das Ganze funktioniert auch von der anderen Seite. Viele Menschen, die regelmäßig Sport machen, fühlen sich ausgeglichener und glücklicher als ohne Sport. Sie sehen – der Geist wirkt auf den Körper und der Körper auf den Geist.

Ich bin kein Arzt und möchte Ihnen jetzt keinen Vortrag über die biochemischen Abläufe im Körper halten. Lassen Sie sich nur eines gesagt sein: Die Verbindung zwischen Körper und Geist ist stärker und direkter als viele denken. Zum Beispiel hat der alte Spruch „Kopf hoch" mehr Wirkung als die meisten Menschen glauben. Viele Telefonseelsorger in den USA bitten Anrufer mit Suizid-Gedanken, ihren Blick nach oben zur Zimmerdecke zu richten, weil allein das Heben des Kopfes schon einen positiven Einfluss auf die Stimmung hat.

Sie können nun einen kleinen Selbstversuch machen. Stellen Sie sich einmal hin, nehmen Sie die Spannung aus dem Oberkörper, lassen Sie die Schultern hängen und senken Sie den Kopf. Dann sagen Sie: „Das ist der beste Tag in meinem Leben, und ich fühle mich total gut!" Fühlt sich das für Sie stimmig an? Nicht wirklich, oder? Und jetzt stellen Sie sich einmal gerade hin – wirklich richtig gerade, Brust raus, Schultern zurück, Arme hoch, Kopf hoch und Blick nach oben – und dann sagen Sie: „Ich fühle mich richtig schlecht." Und? War das etwa kongruent? Ich denke, auch nicht. Denn Freude geht nach oben. Wie beim Jubeln oder bei der Laola-Welle im Fußballstadion. Also probieren Sie die Übung von gerade noch einmal und tauschen Sie nur die Sätze aus. Viel besser, nicht wahr? Das heißt, Sie können alleine durch die Veränderung Ihrer Haltung Ihre Gefühle beeinflussen. Das kann Sie in Alltagssituationen schon ein gutes Stück voranbringen. Denn wie Sie gerade gesehen haben, hilft es schon, den Körper aufzurichten und den Kopf zu heben, um ein besseres Gefühl zu bekommen. Das funktioniert im Sitzen wie im Stehen gleichermaßen. Wenn Sie ein gutes Vorstellungsvermögen haben, gibt es noch eine Möglichkeit: tun Sie so als ob. Es geht mir darum, Körperhaltung, Gestik und Mimik nachzuahmen um den damit verbundenen Zustand zu erreichen. Wenn Sie jemanden kennen, der besonders erfolgreich und charismatisch ist oder andere verhaltensbedingte Attribute hat, die Sie auch gerne hätten, oder sich so fühlen möchten, ahmen Sie für einen Moment seine Körperhaltung und sein Verhalten nach und spüren Sie, was es mit Ihnen macht. Fragen Sie Ihr Vorbild ruhig, sofern Sie die Möglichkeit haben, wie er es macht, dass er so erfolgreich ist, und überlegen

Sie, wie es Ihnen nützen kann. Sie sollten allerdings Ihr Vorbild nicht dauerhaft imitieren.

Ihr Ziel sollte es immer sein, eine bessere Version von sich selbst zu werden. Ich war als Kind ein Riesen Fan von He-Man, einer Spielzeugfigur mit dazugehörigem Comic. He-Man war im normalen Leben ein Prinz ohne besondere Fähigkeiten, doch wenn er sein Zauberschwert hob und ein paar magische Worte sagte – die Cracks unter Ihnen kennen sie –, wurde er zum stärksten Mann des Universums. Wenn ich das als Kind spielte, konnte ich förmlich die Kraft spüren und fühlte mich unbesiegbar. Zugegeben – als Kind war die Vorstellungskraft noch etwas stärker. Aber mit etwas Übung klappt es bei Erwachsenen genauso.

Auch wenn Sie kein imaginärer Superheld sein wollen, so können Sie auf diese Weise zum Beispiel durchaus selbstbewusster werden. Denn Nachahmung ist erwiesenermaßen eine der besten, wenn nicht sogar die beste Möglichkeit zu lernen. In unserem Gehirn gibt es nämlich Spiegelneuronen, und die reagieren bei Beobachtung genauso, als würde man das Gesehene selber ausführen. Das macht es zum Beispiel Kleinkinder möglich, durch Spiegelung in Interaktion mit Mutter und Vater zu treten und von ihnen zu lernen. Und das geht während der ganzen Kindheit so weiter. Wer kennt nicht das Bild von Müttern oder Vätern, die den Nachwuchs füttern und dabei den Mund ganz weit aufmachen, damit die Kleinen es ihnen gleichtun?

Spiegelneuronen sind aber auch für das Nachempfinden von Gefühlen zuständig. Wenn wir sehen, wie sich jemand in den Finger schneidet, können wir fast augenblicklich den Schmerz nachempfinden. Lächelt uns jemand an, so lächeln wir zurück, ohne groß darüber nachzudenken. Sehen wir einen traurigen Film, so kann es durchaus sein, dass wir weinen müssen, weil wir so ergriffen sind. Oder wir sehen einen Comic und spüren die unglaubliche Kraft von He-Man.

Sie sehen, dass wir von Mutter Natur gut ausgestattet worden sind, um durch Nachahmung zu lernen und unsere Gefühle zu optimieren. Aus diesem Grund sollten Sie sich auch gut überlegen, mit wem Sie ihre Zeit verbringen. Denn wenn Sie sich nur mit Nörgelnasen und Schattenkriegern umgeben, welche Ihnen schon mit wenigen Sätzen die Freude aus dem Leben saugen können, dann werden Sie zwangsläufig auch irgendwann zu dieser Gattung gehören. Ihr Gehirn ist wie eine gigantische Baustelle, und Sie entscheiden, an welcher Stelle gebaut wird. Erfahrung entstehen durch neuronale Verbindungen. Je häufiger Sie eine Information auf die gleiche Weise verarbeiten, desto fester wird die Verbindung. Wenn Sie also immer wieder von Ihrem Umfeld damit konfrontiert werden, dass alles Scheiße ist, werden Sie irgendwann diese Meinung – zumindest zum Teil – verinnerlichen. Ergo: Achten Sie auf Ihr Umfeld! Wenn sie nackt in der Mitte einer Wüste sind, ist es vollkommen egal, für wie cool sie sich halten. Die Wüste wird immer gewinnen. Im Klartext heißt das, dass Sie niemals Ihr gesamtes Umfeld ändern können, sondern Sie sich ändern müssen und sich in der einen oder anderen Situation rar machen sollten. Halten Sie sich fern von Menschen, die sie runterziehen und Ihnen die Energie aussaugen! Sollten diese Menschen zu Ihrer Familie oder Ihrem engsten Freundeskreis gehören, reduzieren Sie einfach den Kontakt auf ein verträgliches Maß. Sollten Menschen darunter sein, die so nahestehen, dass es nicht möglich ist, den Kontakt zu reduzieren, gibt es immer noch die Möglichkeit, diese wichtigen Menschen mit auf die Reise zu nehmen oder sie zumindest mit positivem Input zu füttern. Denn alles, was durch Ihre Augen und Ohren in Ihren Geist kommt, wird irgendwann durch Ihrem Mund wieder herauskommen. Suchen Sie sich Vorbilder, Menschen die schon da sind, wo Sie hinwollen. Suchen Sie Gleichgesinnte, mit denen Sie wachsen können. Alle erfolgreichen Menschen, die ich kennengelernt habe, lassen sich nicht ständig vom TV-Programm zumüllen, sondern lesen Bücher, widmen sich Hörbüchern, orientieren sich an Vorbildern, besuchen Seminare und tun alles Mögliche, um nicht stillzustehen, sondern zu wachsen. Nun überlegen Sie sich gut, welches Futter Sie Ihren Spiegelneuronen geben möchten.

Hier kommen ein paar Übungen zum Thema Körper und Geist.

• KOPF HOCH UND LÄCHELN

Immer wenn Sie merken, dass Sie gerade etwas durchhängen, richten Sie sich auf und nehmen Sie den Kopf hoch. Als Ergänzung können Sie dazu auch lächeln oder grinsen. Klingt eigenartig, ist aber wirkungsvoll. Auch grundloses Lächeln kann glücklich machen. Gehen Sie einfach auf's Stille Örtchen und grinsen Sie sechzig Sekunden lang. Diese Sekunden müssen Sie ununterbrochen durchhalten, damit es wirkt. Zugegeben, Sie werden sich anfangs ziemlich dämlich vorkommen. Das ist aber vollkommen egal, da Sie sich in diesem Moment ohnehin blöd fühlen. Nach dieser Minute senden die Gesichtsnerven, die durch das Grinsen stimuliert werden, dem Gehirn das Signal, dass der Hirnbesitzer lacht, und schüttet Glückshormone aus. Diese wiederum tilgen die Stresshormone, welche für Ihren schlechten Sinn verantwortlich sind, und geben Ihnen die Möglichkeit, wieder klarer zu denken. Natürlich ist ein echtes Lächeln immer noch besser, doch diese Übung verhilft Ihnen vielleicht dazu. So etwas eignet sich in der Kombination mit Lächeln oder Grinsen natürlich eher für Momente, in denen Sie alleine sind. Sie können diese Übungen auch prophylaktisch anwenden: einfach jeden Tag so oft wie möglich lächeln oder lachen und sich so ein paar Extraportionen gute Laune bescheren.

• TUN SIE SO ALS OB

Egal ob Sie He-Man oder eine erfolgreiche und charismatische Person aus Ihrem Umfeld nachahmen – dies kann Ihnen auf jeden Fall ein ganz anderes Körpergefühl und eine andere Sicht auf die Dinge bescheren. Sehen Sie sich Ihr Modell ganz genau an. Die Nachahmung von Mimik, Gestik und besonders Körperhaltung und Bewegungen kann Ihnen dabei helfen, sich so zu fühlen wie Ihr Vorbild. Tun Sie so, als wären sie so wie er. Üben Sie im Stillen und achten Sie genau darauf, wie es sich anfühlt. Informieren Sie sich, was diese Person tut, um so erfolgreich zu sein. Welche Bücher liest sie, womit beschäftigt sie sich? Besorgen Sie sich den gleichen Input und nutzen Sie ihn. Vergessen Sie nicht, mindestens den gleichen Eifer an den Tag zu legen, wie ihr Modell. Wichtig: Werden Sie eine bessere Version von sich selbst und keine dauerhafte Kopie ihres Vorbilds! Es geht nur darum, die innere Einstellung und Ressourcen zu erlangen und sich daraus weiterzuentwickeln. Schauspieler machen es ähnlich, wenn sie sich auf eine Rolle vorbereiten und eine Figur kreieren. Worauf warten Sie also? Werden Sie Ihr eigener Held!

· ATMUNG

Die Atmung ist existenziell wichtig, denn sie versorgt unseren Organismus mit Sauerstoff. Doch lässt sich mit der Art, wie wir atmen, auch anderes anfangen. Wenn ich in der Vergangenheit aufgeregt war, bekam ich oft den Ratschlag: „Atme erstmal tief durch." Ich denke, das kennt jeder. Nun, ich habe Folge geleistet und erst einmal einen tiefen Atemzug genommen. Aber irgendwie hatte es nie den gewünschten Effekt.

Bis ich dahinter kam, dass es auf das Ausatmen ankommt. Wenn Sie tief einatmen, gelangt die Luft in den oberen Atembereich. Sie geben dem Körper damit Energie und putschen sich förmlich auf. Dass das nicht die optimale Lösung bei Aufregung oder Nervosität ist, scheint im Nachhinein klar.

Wenn Sie hingegen tief ausatmen, bis alle Luft heraus ist, und danach normal einatmen, beruhigen sie den Körper. Sie können dann förmlich spüren, wie sich Ihre Lunge sich mit neuer Luft vollsaugt – wie ein Schwamm, den Sie zuvor zusammengedrückt haben. Sie sollten sich dazu aufrichten, damit das Zwerchfell auch arbeiten kann. Wiederholen Sie das einige Male! So kommen Sie von der Brust- in die Bauchatmung, und das wirkt beruhigend. Denn in dem tiefen Atemraum atmen wir, wenn wir uns entspannen. Wenn Sie beispielsweise im Bett liegen beim Einschlafen, merken oder sehen Sie vielleicht, wie sich Ihr Bauch hebt und senkt. Das sind die tiefen Atemräume. Also merken Sie sich: bei Aufregung und Nervosität aufrichten und tief ausatmen!

Diese Technik hält meine Frau für besonders wertvoll. Immer wenn sie über hohe Autobahnbrücken fahren musste, beschlich sie ein ungutes Gefühl – bis hin zur Angst, sie könne von der Brücke stürzen. Doch als ich Ihr die Atemtechnik beibrachte, setzte sie diese sofort beim nächsten Mal ein, und siehe da: es funktionierte! Nicht nur, dass die Technik meine Frau beruhigte, sie änderte auch ihren Fokus. Denn wenn sie sich auf ihre Atmung konzentrierte, konnte sie sich nicht gleichzeitig auf ihre Angst konzentrieren. Die häufige Wiederholung dieser Technik hat dazu geführt, dass sie heute problemlos über Brücken fahren kann. Bei mir selber war die Atemtechnik immer hilfreich, wenn ich Vorträge oder Seminare vor großen Gruppen halten durfte. Ich konnte meine Aufregung damit wunderbar regulieren. Heute freue ich mich auf solche Situationen und brauche die Technik fast gar nicht mehr. Es ist aber gut zu wissen, dass sie hilft und ich sie jeder Zeit anwenden kann.

Sie sehen, dass die Art, wie Sie Ihren Körper einsetzen, starken Einfluss auf Ihre Gefühlswelt hat. Sie brauchen für den Anfang keine Wundermittel oder teure Workshops. Nutzen Sie das, was Sie immer dabei haben: Ihren Körper. Ob Körperhaltung, Atmung, Mimik oder Gestik – Sie können alles dazu nutzen, Ihr befinden zu ändern.

Kapitel 4: Die Morgen-Rituale oder der erste Unterschied am Tag

Der Wecker klingelt, ich drücke auf „schlummern" und drehe mich noch einmal um. Fünf Minuten später klingelt der Wecker erneut. Ich richte mich auf, drücke den Wecker aus und strecke mich erst einmal. Dann stehe ich auf, schlurfe in Shorts in die Küche und schalte die Kaffeemaschine ein. Ich gähne. Nach einem kurzen besuch im Bad nehme ich mir einen Kaffee, zünde mir eine Zigarette an, schalte die Nachrichten ein und denke darüber nach, was auf der Arbeit alles anliegt, während ich parallel meine E-Mails und mein Facebookprofil checke. Zwischen nervigen Werbemails und lästigen Spielanfragen zünde ich mir noch eine Zigarette an, und in Gedanken sehe ich die Busfahrt vor mir, zusammen mit dreißig lauten, nervenden und respektlosen Schülern, die sich benehmen, als würde der Bus ihnen gehören. Kurze Zeit später fällt mir auf, dass ich vor lauter Social Media vergessen habe, mein Hemd zu bügeln. Ich nehme also schnell einen Schluck Kaffee, verbrenne mir fast den Mund, stecke das Bügeleisen ein und springe schnell unter die Dusche. Nach dem Duschen putze ich meine Zähne, denke über die Nachrichten nach und frage mich, warum eine Familie sterben musste, nur weil ein Betrunkener mit seinem Wagen in ihr Auto gerast ist. Was für eine Welt! Ich bügele mein Hemd, ziehe mich fertig an und renne zum Bus. Ich muss rennen, weil ich wie fast jeden Morgen viel zu spät dran bin. Beim

Rennen bemerke ich, dass ich meine Krawatte vergessen habe, und mein nächster Gedanke ist, wie ich das meinem Chef erklären soll. Mit knapper Not erreiche ich den Bus, in dem es leider keinen freien Sitzplatz mehr gibt. Ich liebe Montage!

So oder so ähnlich verliefen meine Morgen, bevor ich mein Leben änderte. Jeder Morgen lief nach einem festen Muster ab, meiner Morgenroutine. Zugegeben – es waren keine besonders guten Angewohnheiten, denn sie begannen mit negativen Nachrichten, schlechten Gedanken und Stress. Mittlerweile habe ich ein ganz anderes Morgenritual. Der Wecker klingelt, ich drücke ihn aus und gebe mir einige Minuten, um wach zu werden. Ich trinke einen großes Glas Wasser, um die Dehydrierung der Nacht aufzuheben. Dann stehe ich auf, küsse meine wunderschöne Frau, mache zwanzig bis vierzig Kniebeugen und genauso viele Liegestütze. Dabei denke ich an alles, wofür ich dankbar bin. Die Kniebeugen sind mein erstes Tagesziel und geben mir das Gefühl, schon etwas geschafft zu haben. Somit habe ich am Morgen ein tolles Gefühl, starte gut gelaunt und dankbar in den Tag. Im Anschluss gehe ich duschen, wobei ich die letzten Minuten kalt dusche. Das kalte Duschen ist mein zweites Tagesziel, denn es ist oft eine echte Überwindung. Dabei ist kaltes Duschen sehr effektiv. Es stärkt das Immunsystem, fördert die Durchblutung, wirkt gegen Entzündungen und Stress. Darum lasse ich die kalte Dusche auch nie aus. Danach ziehe ich mich an. Das Bügeln der Hemden überlasse ich mittlerweile der Reinigung. Danach gönne ich mir einen frischen Kaffee und ein kleines Frühstück –, aber ohne Zigarette, denn zu diesem Zeitpunkt bin ich seit viereinhalb Jahren Nichtraucher. Erst danach checke ich meine E-Mails und mache mich auf den Weg zur Arbeit. Meine E-Mails checke ich bewusst zum Schluss meines Morgen-Rituals. Denn E-Mails, Facebook, Instagram und Co. lenken uns stark von unseren Vorhaben ab, so sehr Sie auch zu unseren täglichen Begleitern gehören. Ich kümmere mich also erst um mich, bevor ich in das World Wide Web eintauche. In der Regel komme ich dank meines neuen Morgenrituals absolut entspannt und gut gelaunt auf der Arbeit an.

Der veränderte morgendliche Ablauf beeinflusst meinen gesamten Tagesablauf positiv. Das Wichtigste daran ist, ein Bewusstsein für alles zu schaffen, was uns guttut. Sie erinnern sich: die Energie folgt der Aufmerksamkeit. Ich habe noch keine treffendere Bezeichnung gefunden für das, was passiert, wenn Sie Ihren Fokus auf eine Sache richten. Denn tatsächlich geht Ihre Energie zu den Dingen, denen Sie die meiste Aufmerksamkeit schenken. Das kann sogar doppelt wahr sein, wenn Sie ihre Aufmerksamkeit auf positive Dinge richten. Sie kennen wahrscheinlich das Gefühl der Euphorie, bei dem es sich so anfühlt, als hätten sie den Energie-Turbo gezündet. Auf der anderen Seite kann Ihre Energie genauso in negative Gedanken fließen, wenn Sie sich damit befassen. Allerdings fühlt es sich dann nicht wie ein Turbo an. Also was gibt es Besseres, als schon am Morgen seine Gedanken in die richtige Richtung zu lenken?

Sie haben in den letzten Kapiteln einige Techniken kennengelernt, die sich wunderbar in Rituale einbauen lassen. Zum Beispiel können Sie Teile meines Morgenrituals übernehmen und zusätzlich Ihre Körperhaltung optimieren, indem Sie sich aufrichten, sich gerade machen, Ihren Kopf heben und an Ihrem Lösungsfokus arbeiten. Beim Morgenritual erstellen Sie ein neues Muster und müssen ein altes ersetzen oder ändern. Dazu ist es sinnvoll, dass Sie sich ein paar Bausteine zurechtlegen, aus denen Sie Ihr eigenes Morgenritual zusammenbauen können. Ein kleiner Tipp am Rande: Die Sache mit dem großen Glas Wasser wirkt Wunder. In der Nacht verliert der Körper eine Menge Flüssigkeit über die Atmung und die Haut. Oft rührt ein müder Körper von Wassermangel her, außerdem werden durch die morgendliche Wasserzufuhr Giftstoffe aus dem Körper gespült und Stoffwechsel sowie Verdauung angeregt. Deshalb sollten Sie morgens Ihr Ritual mit einem großen Glas Wasser beginnen.

Nehmen Sie sich jetzt ein Blatt oder einen Block und schreiben Sie alles auf, wofür Sie dankbar sind. Wenn Sie sagen, da gibt es nichts, überlegen Sie sich, wofür Sie dankbar sein könnten, wenn Sie für etwas dankbar sein wollten. Irgendetwas gibt es bestimmt. Schreiben Sie alles auf – alles, was Ihnen einfällt! Es ist dabei vollkommen egal, wie viele Dinge es sind. Wenn es anfangs nicht so viele sind, halb so wild, es werden bald mehr. Dankbarkeit ist für mich essentiell wichtig, denn damit kann ich mir Tag für Tag bewusst machen, wie viele tolle Menschen mich umgeben, wie viele schöne Situationen ich erleben durfte, und dass es immer etwas gibt, was das Leben lebenswert macht. Außerdem reduziert Dankbarkeit Mangelgefühle, die in uns existieren. Je dankbarer ich dafür bin, wer ich bin, was ich erleben darf und was ich habe, desto weniger konzentriere ich mich auf Mangel. Also seien Sie dankbar! Danach überlegen Sie sich, was Ihnen guttut und gute Laune bereitet, und schreiben es ebenfalls auf. Egal ob Sport, Musik, Tanzen oder Singen. Schauen Sie, wie Sie das, was Ihnen gut tut, in Ihr Morgenritual einbauen können. Bewegung ist diesbezüglich nicht zu unterschätzen, denn die bringt Ihren Kreislauf richtig auf Trab.

Sie können aber auch mehrere Sachen kombinieren. Beispielsweise können Sie Sport zu Ihrer Lieblingsmusik machen und dabei mitsingen. Wichtig ist, dass Ihnen ihr Morgenritual ein gutes Gefühl gibt. Eventuell machen Ihr Partner/Ihre Partnerin oder ihre Kinder ja mit. Wenn nicht, nehmen Sie sich die Zeit für sich. Ich brauche für mein Morgenritual ungefähr eine Stunde, bis ich zur Arbeit fahre. Ihres muss natürlich nicht so lange dauern, aber es sollte Ihnen auf jeden Fall einen besseren Einstieg in den Tag ermöglichen als Ihr altes Morgenritual. An diesem Punkt heißt es mal wieder durchhalten. Sie wissen ja jetzt, wie lange es dauern kann, bis ein neues Muster etabliert ist. Ihr positives Gefühl und der Spaß daran können die Sache beschleunigen. Worauf warten Sie? Bauen Sie sich Ihr eigenes Morgenritual!

Die folgende Checkliste soll Ihnen helfen, einen Rahmen zu schaffen. Wie Sie ihn füllen, ob Sie etwas ergänzen oder verändern, bleibt Ihnen überlassen.

Checkliste

1. Bleiben Sie beim ersten Weckerklingeln wach. Das ist wichtig, damit Sie nicht noch müder werden.

2. Ein großes Glas oder eine kleine Flasche Wasser trinken

3. Bewegung und Spaß sorgen für einen Energieschub. Machen Sie etwas, was Ihnen gute Laune bereitet.

4. Dankbarkeit für alles Gute in Ihrem Leben funktioniert gut während der Körperpflege.

5. Kalt duschen wirkt wahre Wunder und ist ein Turbo für Körper und Geist.

6. Frühstück

7. Erst jetzt Mails und Social Media checken.

Kapitel 5: Kommunikation ist mehr als tausend Worte

Die Kommunikation ist ein großer Bereich meines Tätigkeitsfeldes. Deswegen widme ich ihr auch ein ganzes Kapitel. Kommunikation ist der Schlüssel zum Leben. Wir alle sind soziale Wesen. Ein Leben ohne Interaktion ist nicht möglich. Ob Sprache, Schrift, Bilder oder Körpersprache – ohne die Möglichkeit, uns mitzuteilen, wären wir so gut wie nicht handlungsfähig. Umso erstaunlicher ist es, dass wir zwar Lesen und Schreiben in der Schule lernen, aber kaum etwas darüber vermittelt bekommen, wie Kommunikation funktioniert. Sie können viel unbeschwerter und zielgerichteter durch's Leben gehen, wenn Sie ihre Art zu kommunizieren optimieren. Und zwar, indem Sie achtsam sind in der Weise, wie Sie sprechen und was Sie wie ausdrücken. Miteinander kommunizieren ist wie Musik. Es reicht nicht, die Noten zu kennen, um ein Stück zu komponieren, man muss auch wissen, wie man sie einsetzt, aneinanderreiht und betont.

So ist es auch bei der Kommunikation. Ein schiefer Ton, und das ganze Gespräch verfehlt seinen Zweck. Das ist im wahrsten Sinne des Wortes so. Kongruenz ist außerordentlich wichtig. Passt unsere Stimmlage oder unser Gesichtsausdruck nicht zu unserer Aussage, wirkt sie nicht echt. Menschen haben ein gutes Gespür und merken recht schnell, wenn Art und Inhalt nicht zusammenpassen. Sage ich mit angewidertem Gesichtsausdruck „die Suppe schmeckt mir ausgezeichnet" oder mit zittriger Stimme „ich habe keine Angst", dann zeigt dies, dass das Gesagte mit großer Wahrscheinlichkeit nicht zutrifft.

Auf der anderen Seite ist die Wahl der richtigen Wörter in bestimmten Situationen ebenfalls sehr wichtig. Stellen Sie sich vor, Ihr Partner sagt zu Ihnen: „Du bist der tollste Mensch, den ich kenne. Du hast einen tollen Humor, eine liebenswerte und charmante Art, und es ist wundervoll, mit dir Zeit zu verbringen. Ich genieße deine Nähe und liebe es, neben dir zu liegen. Aber neben dir zu schlafen ist nicht so schön." Wie würden Sie sich fühlen? Ich denke, es fühlt sich ungefähr so an, als würden Sie gerade in der warmen Sonne sitzen und das Wetter genießen, und plötzlich werden Sie voll von einem Vogelschiss getroffen. In diesem Moment kann man sich nicht mehr so recht über die Sonne freuen, oder? Abgesehen davon, dass mir dies wirklich passiert ist und ich also weiß, wie sich der Fokus ruckzuck von Sonne auf Vogel ändern kann, weiß ich auch, was ein Aber in einem zwischenmenschlichen Gespräch anrichten kann, wenn es so eingesetzt wird, wie im letzten Beispiel. Ein Aber tilgt alles vorangegangene. Dies ist nur ein kleines Beispiel, wie achtlos wir mit unserer Kommunikation umgehen.

Gehen Sie einmal von einem anspruchsvollen Gespräch aus oder von einer Diskussion: Ihr Gesprächspartner macht eine Aussage, Sie beginnen Ihren Satz mit „aber" oder „ja aber", und Ihr Gegenüber tut es Ihnen gleich. Dann geht's richtig los! Mit diesem Satzeinstieg wischen Sie die Aussage des anderen beiseite, um Platz für Ihre zu machen. So kann es durchaus sein, dass sich so manches Gespräch zu einem ausgewachsenen Streit „hochabert". Die Fronten verhärten sich, und keiner lässt dem anderen Raum, seine Argumente vorzubringen. An diesem Punkt fangen meist beide gleichzeitig an zu reden, und die Gemüter erhitzen sich noch weiter. Jetzt befinden sie sich auf einem Nebenkriegsschauplatz, bei dem es nur noch darum geht, zu gewinnen, und nicht mehr darum, eine Lösung herbeizuführen. Das ist ganz sicher keine gelungene Kommunikation. Ich möchte nicht wissen, wie viele Streitereien so entstanden sind.

Der Lösungsansatz an dieser Stelle ist, in anspruchsvollen Gesprächssituationen das Aber oder Ja-Aber durch andere Wörter zu ersetzen. Zum Beispiel durch „und" oder „genau, und". Auch wenn es nur ein, zwei kleine Wörter sind, die Sie austauschen, können sie doch einiges erleichtern. Damit wertschätzen Sie die Aussage des Gegenübers und halten den Kommunikationsfluss aufrecht. „Aber" hingegen lässt unsere Alarmglocken schrillen. Wir fahren automatisch unsere Schutzschilder hoch. Wenn die Schutzschilder erst einmal oben sind, ist es umso schwieriger, eine gemeinsame Lösung zu finden. Dieses Beispiel soll Ihnen verdeutlichen, wie achtlos wir oft mit unserer Sprache umgehen. Kleine Wortkorrekturen können da wahre Wunder bewirken. Seien Sie präzise in Ihren Aussagen, wenn Sie etwas Wichtiges zu sagen haben.

Nominalisierungen und Weichspüler bringen sie nicht oder nur auf Umwegen ans Ziel. Nominalisierungen sind Worthülsen, in denen der Prozess fehlt. Meist enden diese auf -heit,-keit oder -ung. Beispielsweise Freiheit. Jeder kann darunter etwas anderes verstehen. Für den einen bedeutet sie, Single zu sein, für den anderen Schlafen unter freiem Himmel. Genau diese Prozesse fehlen in der Aussage. Jeder hat genug Platz für Interpretationen. Politiker setzen häufig auf diese Art der Formulierung, damit die Wähler Ihre eigenen Erfahrungen damit verbinden können. Das menschliche Gehirn ergänzt einfach die eigenen Erfahrungen, und schon füllen wir das Ganze mit unserer Interpretation.

Wenn Sie allerdings wollen, dass Ihr Gegenüber Sie in Ihrer Weise versteht, dann seien Sie präzise und nutzen Sie die direkte Sprache mit Verben und Adjektiven in ihrer Urform. Sie merken, dass Sie eine Nominalisierung verwenden, wenn Sie das Benannte nicht anfassen oder hochheben können. Zum Beispiel Freiheit, Wahrheit, Gerechtigkeit, Veränderung und so weiter.

Weichspüler sind weitere ungenaue Aussagen, zum Beispiel Sätze wie: „Eigentlich müsste man mal den Rasen mähen." Wenn Sie einen solchen Satz hören oder –schlimmer noch – zu sich selber sagen, wissen Sie, dass darauf garantiert keine Handlung erfolgt. Sprechen Sie zielstrebig, wenn Sie ein konkretes Resultat wollen. Beispiel: „Heute mähe ich den Rasen." Damit bleibt kein Spielraum für Interpretation, und

Sie geben sich eine klare Anweisung. Die damit gesetzte Verbindlichkeit ist nicht zu unterschätzen und zieht in den meisten Fällen eine Handlung nach sich. Wenn Sie also etwas von anderen, aber vor allem von sich selbst möchten, machen Sie präzise Aussagen!

Sie merken, die Kommunikation birgt einige Stolperfallen. Beachten Sie bitte vier Dinge:

1. Jeder nimmt die Welt durch andere Filter wahr, und somit ist zwischenmenschliche Kommunikation ungenau. Jeder, der als Kind Stille Post gespielt hat, kann ein Liedchen davon singen, dass wir anscheinend nicht in der Lage sind, einen einfachen Satz über ein paar Stationen fehlerfrei weiterzugeben.

2. Die Bedeutung der Kommunikation zeigt sich in der Reaktion des Gesprächspartners. Das heißt im Klartext: wie ich etwas meine, ist völlig egal. Wichtig ist, wie der andere es aufnimmt. Wenn ich sage: „Das haben Sie toll hinbekommen", und Sie verlassen daraufhin wutentbrannt den Raum, dann war es für Sie offensichtlich kein Kompliment.

3. Wenn Sie nicht unfehlbar sind, verhalten Sie sich nicht so! Viele Menschen verhalten sich in Diskussionen so, als würde es um Leben und Tod gehen. Sie verteidigen Ihren Standpunkt selbst dann noch, wenn er schon längst widerlegt worden ist.

4. Wenn Sie sich nicht sicher sind, fragen sie nach! Oft sind Fehlinformationen der Grund für missratene Kommunikation. Wenn Sie sich also nicht sicher sind, ob Sie eine Aussage richtig

verstanden haben, fragen Sie einfach nach, ob Sie das Gesagte richtig verstanden haben. Das zeigt Interesse und hilft Ihnen, Missverständnisse zu vermeiden. Vielleicht können Sie so sogar noch etwas dazulernen.

Unser Gehirn hat verschiedene Filter. Diese sind bei der Informationsflut, die in jedem Moment unseres Lebens auf uns einströmt, unverzichtbar. Die Filter sortieren schon im Vorfeld jede Menge Informationen als unwichtig aus, verändern und verarbeiten sie, damit wir überhaupt handlungsfähig bleiben. Darum ist es enorm wichtig, dass Sie sich diese bewusst machen, wenn Sie gelungen kommunizieren wollen. Zum einen gibt es die biologischen Filter. Wir hören nur gewisse Frequenzen, sehen nur ein bestimmtes Lichtspektrum und bewerten je nach Gefühlslage anders.

Dann gibt es noch erlernte Filter, und diese sind bei jedem anders. Religionen, Werte, Erziehung, Interessen, Berufe, Vorlieben und so weiter. Ein Fensterputzer zum Beispiel wird ein Gebäude durch einen ganz anderen Filter sehen als ein Architekt. Das Gebäude bleibt dasselbe, doch die Sicht darauf kann verschieden sein.

Außerdem haben wir noch die Programmfilter aus unserem Kopf. Verzerrungen, Ausblendung, Generalisierungen und Ergänzungen beeinflussen zusätzlich unsere Wahrnehmung. Bei Verzerrungen wird die Ursprungsbedeutung der Information verändert. Ein Bekannter von mir hat beispielsweise Angst vor Spinnen, ohne jemals eine schlechte Erfahrung gemacht zu haben. Er sieht eine Spinne und ergreift die Flucht. Bei dieser Verzerrung wird aus der Information „Spinne" direkt Gefahr gemacht. Bei der Ausblendung filtert unser Gehirn schlichtweg alles aus, was uns nicht in den Kram passt. Sicherlich kennen Sie den Satz: „Der hört nur, was er hören will." Die Generalisierung hilft uns in der Tagesbewältigung sehr. Stellen Sie sich vor, Sie müssten jede Situation komplett neu erfassen. Nicht auszudenken, wie viel Zeit Sie dafür benötigen würden! Würden Sie zum Beispiel nicht generalisieren, würden Sie jedes Mal aufs Neue ausprobieren, wie Sie eine Türklinke bedienen müssen. Dank der Generalisierung wissen Sie, dass es fast immer mit dem Drücken nach unten zu bewältigen ist.

Verallgemeinern ist also erstmal ein tolles Instrument, mit dem wir Zeit einsparen können. Auf der anderen Seite kann es dadurch natürlich auch zu Vorurteilen gegenüber Personen, Situationen und Dingen kommen: Frauen können nicht Auto fahren, Männer sind wehleidig und vieles mehr.

Ergänzungen sind ebenfalls erst einmal sehr praktisch. Unser Gehirn versucht automatisch, Informationsdefizite zu korrigieren. Denn wir streben innerlich nach Logik, Vollständigkeit und Stimmigkeit. Bei großen Defiziten fällt auf, dass wir etwas nicht mitbekommen haben. Bei kleineren gleicht unsere Denkmaschine die fehlenden Informationen einfach aus. Wenn beispielsweise Buchstaben in Wörtern fehlen, können wir diese trotzdem lesen – oft fällt es uns nicht einmal auf.

Bisweilen werden sogar ganze Informationsteile ergänzt oder sogar neu erschaffen. Namen, Bezüge auf Themen und ähnliches. Leider werden wir nicht darüber informiert, dass etwas von unserem Gehirn ergänzt wurde, und was es war. Damit haben wir nicht die Möglichkeit zu unterscheiden, was eine wirkliche Information war und was subjektiv ergänzt wurde. Für uns ist dann unsere Information die tatsächliche. So kann es leicht zu Missverständnissen kommen, und wir sind trotzdem felsenfest der Meinung, wir hätten recht.

Wenn Sie also nicht zu hundert Prozent wissen, dass Sie recht haben, müssen Sie aufhören, sich so zu verhalten. Wenn auch nur der kleinste Zweifel daran besteht, dass Sie falsch liegen, seien Sie nicht stur und überprüfen sie ihre Informationen.

Oft entstehen Konflikte und Streitereien aus Fehlinformationen. Wenn Sie also generell davon ausgehen, dass Kommunikation ungenau ist, dass das Gehirn durch seine verschiedenen Filter Informationen verändert und dass Ihr Gegenüber Aussagen anders verstehen kann als Sie diese meinen, dann haben Sie den Grundstein gelegt, um zielgerichteter und konfliktfreier zu kommunizieren. Zugegeben – das klingt recht einfach, kann jedoch sehr anspruchsvoll sein. Denn in fordernden Gesprächssituationen müssen wir erst einmal unsere Emotionen unter Kontrolle bringen. Dazu gehört mal wieder Ausdauer.

Unser Gehirn besteht hauptsächlich aus drei Gehirnteilen. Liebe Naturwissenschaftler, bitte nehmen Sie mir die stark vereinfachte Darstellung nicht übel! Sie soll nur der groben Orientierung dienen. Das Gehirn besteht aus dem Hirnstamm, welcher die direkte Verbindung zum Rückenmark hat. Es steuert die automatischen und reflexartigen Vorgänge und wird auch als Reptiliengehirn bezeichnet. Es besteht weiter aus dem Mittelhirn, der Schnittstelle der sensorischen Informationen. Dort werden zahlreiche Vorgänge gesteuert: Instinktverhalten, Emotionen und Impulse. Und zu guter Letzt gibt es noch das Großhirn, wo abstraktes Denken, Assoziationen, Planung von Handlungen, Bewertung und Speicherung von Informationen stattfinden. Was im Großhirn vor sich geht, bezeichnen wir als Denken im eigentlichen Sinn.

Wird eine Situation zu emotional oder vermeintlich gefährlich, übernimmt unser Hirnstamm das Kommando, welcher entwicklungsgeschichtlich der älteste Teil des Gehirn ist. Er steuert nicht nur die automatischen und reflexartigen Vorgänge im Körper – wie Atmung, Herzschlag, Körpertemperatur sowie Schluck- und Hustenreflex –, sondern erfüllt seit Urzeiten den Zweck, uns zu schützen. Dies bewerkstelligt er mit den drei einfachen Mitteln Angriff, Flucht und Totstellen. Wenn das passiert, geht unser Großhirn auf Standby, und wir verfallen in diesen archaischen Zustand von Flucht, Angriff oder Totstellen. So ein Verhalten ist heutzutage eher unpraktisch, da es kaum noch Gefahren wie in der Urzeit gibt. Der aufbrausende Chef ist bei Weitem nicht so gefährlich wie der Säbelzahntiger. Ein Gesprächspartner ist während der Diskussion kein feindlicher Stamm, den es zu vernichten gilt. In diesem Moment wäre ein kühler Kopf wesentlich zweckdienlicher als zurückzufauchen (angreifen), vom Thema abzulenken (flüchten) oder sich in kleinlauten Aussagen zu verhaspeln und zu hoffen, dass alles schnell vorbeigeht (totstellen).

Wäre es nicht viel besser, ruhig und sachlich zu argumentieren und das Gespräch in eine zielführende Richtung zu lenken? Ich denke schon. Doch wie sollen Sie das anstellen? Ganz einfach! Lesen Sie noch einmal Kapitel drei. Denn dort finden Sie schon ein paar Lösungen.

Was passiert, wenn Sie in eine psychisch anspruchsvolle Situation geraten? Sie spüren als erstes, dass Ihre Zündschnur Feuer gefangen hat. Das ist der Moment, in dem Sie reagieren müssen! Wenn Sie jetzt nicht schalten, ist es womöglich schon zu spät. Löschen Sie die Lunte! Dazu können Sie die Übungen aus Kapitel drei benutzen. Ändern Sie Ihre Körperhaltung. Wenn Sie eher zu Flucht oder zum Totstellen neigen, wird Ihr Körper das widerspiegeln. Sie werden sich eher klein und starr machen. In diesem Fall richten Sie sich auf und heben Sie ihren Kopf. Wenn Sie die Übungen aus den vorangegangenen Kapiteln gemacht haben, haben Sie ja erlebt, dass der Geist dem Körper folgt. Sind Sie eher aufbrausend und unbeherrscht? Dann empfiehlt es sich, eine andere Übung zu machen. Nehmen Sie sich zurück, im wahrsten Sinne des Wortes. Wenn Sie sitzen, lehnen Sie sich zurück und nehmen eine entspannte Sitzhaltung ein.

Zusätzlich machen Sie am besten die Atemübung – vielleicht nicht ganz so auffällig. Das Ausatmen entspannt. Sollten Sie Ihren emotionalen Zustand einfach nicht in den Griff bekommen, dann bitten Sie einfach um etwas Zeit. Verlassen Sie den angespannten Bereich, gehen Sie ein paar Schritte und geben Sie sich die Chance, in einen entspannteren Zustand zu gelangen.

Was tun, wenn Sie bereits beide mit brennender Zündschnur gleichzeitig reden und sich gegenseitig zum Höhepunkt ja-abern? Auch hier sind Fragen die Antwort. Stellen Sie eine offene Frage, wie zum Beispiel: „Was müsste passieren, damit wir zu einer Lösung kommen?" Oder ganz mutig: „Was müsste ich tun, damit wir zu einer Lösung kommen?" Mit dieser Art von offener Frage richten Sie die Aufmerksamkeit in Richtung Lösung und weg von gegenseitigen Vorwürfen und Nebenkriegsschauplätzen. Hier ist allerdings Obacht geboten, denn Sie sollten die Antwort auch hören wollen.

Sie sehen, es gibt auch in der Kommunikation einiges, was Ihnen das Leben erleichtern kann. Ich gehörte früher zu der nicht so kleinen Gruppe der Ja-Aberer und habe mich häufig um Kopf und Kragen geredet. Besonders schlimm war es immer in Situationen, in denen ich mit Menschen diskutiert oder gestritten habe, die mir am Herzen lagen. Denn gerade da spürte ich, dass ich mich selbst dann nicht wirklich gut fühlte, wenn ich die Diskussion „gewonnen" hatte. Mittlerweile habe ich gelernt, wie schön es sein kann, wenn eine lebhafte Diskussion zu einer Lösung führt, anstatt in einem Streit zu enden. Denn Streit bedeutet Stress, und Stress kann langfristig krank machen. Darum ist es sinnvoll, jede positive Veränderung mitzunehmen, sei sie auch noch so klein.

Zum Ende dieses Kapitels folgen nun noch ein paar kleine Anmerkungen. An einer leidenschaftlichen Diskussion ist nichts auszusetzen, solange sie eine Lösung herbeiführt oder beide Teilnehmer erhobenen Hauptes mit gutem Sinn aus dem Gespräch kommen. Jeder kann seine Meinung haben, und das ist auch gut so. Meinung heißt ja so, weil sie meins ist. Vielleicht ist es auch einmal spannend, sich von jemanden überzeugen zu lassen? Lassen Sie Ihren Gesprächspartner ausreden, auch wenn Sie der Meinung sind, Sie wüssten, was er sagen will. Denn manchmal kommt eben doch etwas anderes dabei heraus. Außerdem ist es ein Zeichen von Wertschätzung. Hören Sie beim nächsten Mal genau hin, denn nur wer hinhört, kann Neues erfahren. Bei meiner Arbeit ist es unabdingbar, genau hinzuhören. Ohne die wichtigen Informationen, die meine Klienten mir im Gespräch geben, könnte ich meinen Job nicht machen.

Es ist ein Geschenk, dass mir so viel Ehrlichkeit, Offenheit und Vertrauen entgegengebracht wird. Schenken Sie ihrem Gegenüber Aufmerksamkeit und zeigen Sie diese auch: zustimmende Gestik oder Mimik, wohlwollendes Grunzen, „ja verstehe" und ähnliches. Paraphrasieren und wiederholen Sie einzelne Wörter oder Satzelemente. Fassen Sie die Aussagen Ihres Gesprächspartners zusammen und fragen Sie, ob Sie es richtig verstanden haben. So bleibt nur wenig Raum für Missverständnisse. Es gibt einiges, was sie tun können, und wahrscheinlich tun Sie auch schon eine Menge davon automatisch. Gleichwohl glaube ich, dass wir alle immer noch etwas mehr tun können. Alles, was in diesem Kapitel steht, gilt natürlich eher für anspruchsvolle Gesprächssituationen und Gesprächspartner. Wenn Sie sich mit jemandem super verstehen und die gleichen Ansichten haben, wird es wahrscheinlich eher selten zu groben Missverständnissen kommen. Wenn Sie also in Zukunft etwas mehr auf Ihre Kommunikation achten, bin ich mir sicher, dass Sie eine Menge guter Erfahrungen machen.

Hier noch einmal kurz und knapp, was Sie unbedingt unterlassen sollten, wenn Sie besser kommunizieren wollen.

Checkliste

1. Achten Sie auf Kongruenz, ihr Gesprächspartner wird es Ihnen danken.

2. Wertschätzen Sie die Aussage des anderen und ja-abern Sie nicht.

3. Achten Sie auf Ihre Emotionen und verirren Sie sich nicht auf Nebenkriegsschauplätzen.

4. Lassen Sie ihr gegenüber ausreden und hören Sie hin.

5. Wiederholen Sie ab und an die Aussagen und fragen Sie, ob Sie es richtig verstanden haben.

6. Kurs-Korrektur-Fragen helfen wieder, in Richtung Lösung zu steuern („Was müsste passieren, damit wir zu einer Lösung kommen?").

7. Zeigen Sie ehrliches Interesse und seien Sie aufmerksam.

So. Jetzt haben Sie einige Stolperfallen in der zwischenmenschlichen Kommunikation kennengelernt. Ich glaube, dass eine bessere Kommunikation in vielerlei Hinsicht hilfreich sein kann. Respektvollerer Umgang miteinander, produktivere Diskussionen und weniger Streit sind nur einige der wertvollen Ergebnisse, die ich erzielen konnte.

Kapitel 6: Visualisierung wirkt

Meine Eltern sind fantastisch. Ich bin ihnen unglaublich dankbar dafür, dass es mir trotz unserer geringen finanziellen Mittel nie an etwas gefehlt hat und ich mich in allem, was ich wollte, ausprobieren konnte. Ohne diese Freiheiten wäre ich nicht der geworden, der ich heute bin.

In meiner Jugend – ich war so etwa acht oder neun Jahre alt –, wollte ich mit einem Freund eine Hütte bauen. Am besten eine richtig stabile Hütte, der kein Sturm etwas anhaben konnte, und in der wir dann problemlos übernachten konnten. Damals habe ich jede freie Minute an der frischen Luft verbracht. Jede Tätigkeit, die einem Abenteuer nahekam, nahm sofort den obersten Platz auf meiner Prioritäten-Liste ein. Ganz klar, ich war ein Abenteurer, zumindest so lange, bis die Strassenlaternen angingen. Bei diesem eindeutigen Signal wurden alle noch so innigen Abenteurer-Phantasien außer Kraft gesetzt, und ich musste genau wie alle meine Freunde nach Hause. Eine zeitlang dachte ich sogar, meine Eltern hätten einen Schalter für die Straßenbeleuchtung, den sie genau dann umlegten, wenn das Abendessen fertig war. Das war natürlich nur meiner Fantasie entsprungen, und ich hatte sehr viel Fantasie. Ich stellte mir förmlich vor, wie meine Mutter einen großen Schalter umlegte. So einen, wie man ihn aus alten Filmen kannte, aus angelaufenem Metall mit einem leicht abgerundeten Holzgriff, der von oben nach unten in eine Metallspange gezogen wurde. Dabei gab es ein Geräusch, bei dem man den Strom fast spüren konnte, und plötzlich gewannen die Strassenlaternen an Helligkeit. Ab diesem Zeitpunkt galt es, so schnell wie möglich nach Hause zu kommen, um nicht eine Standpauke anstatt des Abendessens zu bekommen. Der Schalter existierte natürlich nur in meinem Kopf. Dennoch wirkte diese Vorstellung so real und plastisch für mich, dass ich den Schalter fast hätte anfassen können. Früher nannte man das „lebhafte Fantasie" – eine charmante Formulierung für „völliger Unsinn". Heute würde ich es „besonders gute Vorstellungskraft" nennen.

Genau dieser Vorstellungskraft verdankten wir, dass wir tatsächlich eine stabile und sogar zweigeschossige Hütte bauen konnten. Ich sah die Bude vor meinem inneren Auge: Sie war zweigeschossig mit einer Luke, durch die man in die obere Ebene gelangte, und sah aus wie ein Turm mit einem Flachdach – ähnlich den Türmen eines Forts, wie sie in alten Western zu sehen waren. Ich sah uns beide schon darin sitzen, wie wir weitere Pläne schmiedeten. Ich wusste genau, wie die Hütte aussehen muss. Diese Vorstellung wirkte für mich so greifbar wie der Laternen-Schalter meiner Eltern.

Wir bauten also die Bude gemäß meiner Vorstellungen aus Paletten, Brettern und einer Menge Nägeln, welche uns mein Opa zusammen mit dem nötigen Werkzeug und einigen Tipps zur Verfügung gestellt hatte. Sie war super! Leider hatten wir den Bauplatz nicht optimal ausgesucht. Es war ein Landschaftsschutzgebiet. Unsere Hütte wurde schon nach einigen Wochen wieder entfernt. Doch das Projekt war toll, genau wie in meiner Vorstellung.

Leider sind die meisten Erwachsenen Traumtöter. So hart es klingt, ist es auch. Die Fantasie stumpft mit der Zeit immer mehr ab, zumindest bleibt sie in den meisten Fällen nicht so rein und zauberhaft wie in Kinderzeiten. Verdorben durch Erwartungen der Gesellschaft wird man zwangsläufig erwachsen, und so mancher hört fast ganz auf, wunderbare Gedanken zu denken. In dem Moment, in dem man zu Kindern, die eine tolle Vorstellungskraft haben, sagt, sie hätten eine lebhafte Fantasie, ist man im Erwachsensein angekommen. Und so mancher wünscht sich nach einiger Zeit vielleicht, ein bisschen wie Peter Pan zu sein. Peter Pan ist die Hauptfigur in einigen Kindergeschichten von James Matthew Barrie. Er ist dort ein Junge, der nie erwachsen werden will. Mithilfe von etwas Feenstaub und einem wunderbaren Gedanken kann er sogar fliegen.

Meiner Meinung nach sollte sich jeder ein Stück der umbeschwerten Fantasie der Kindheit zurückholen! Lassen Sie sich von Ihrem wunderbaren Gedanken beflügeln. Ich habe mir einen Teil meiner kindlichen Fantasie zurückgeholt und beginne alle meiner Projekte mit einer positiven Vorstellung vom Ergebnis. Ich male mir in Gedanken so detailliert und plastisch wie möglich das bestmögliche Ergebnis aus, sodass ich ein unstillbares Verlangen habe, dieses in der Realität zu erreichen. Viele Menschen denken zu sehr an das, was schief gehen kann, oder daran, welcher Aufwand mit der Verwirklichung von Ideen verbunden ist. Damit torpedieren sie ihr Ziel. Ich verlange nicht, dass Sie sich kopflos in ein Abenteuer stürzen. Gleichwohl kann ein bisschen von der Vorstellungskraft und vom Enthusiasmus eines Jungen, der eine Hütte bauen will, sehr hilfreich sein. Wenn dann am Abend die Straßenlaternen angehen, können Sie natürlich ein erwachsenes Auge auf Ihr Vorhaben werfen. Aber nur, um Struktur, Ressourcen und Sozialveträglichkeit zu prüfen, und nicht etwa, um alles wieder kaputtzudenken.

Visualisieren ist eine ähnliche Übung wie die unter Punkt zwei aus Kapitel drei beschriebene. Tun Sie so als ob. Nur das Sie diesmal ausschließlich mit Ihrer Vorstellung arbeiten. Trainieren Sie, Ihre Vorstellungen so deutlich wie möglich und so lange wie möglich aufrechtzuerhalten. Sie müssen sich alles genau so vorstellen, wie Sie es haben wollen. Je klarer Ihr Bild ist, desto besser.

Viele Menschen, die ich kennengelernt habe, waren wahre Meister darin, sich schreckliche Dinge vorzustellen. Angefangen von Dingen, die im Alltag schiefgehen konnten, über den Glauben daran, dass andere in Ihren Gesprächen bestimmt kein gutes Haar an Ihnen lassen würden, bis hin zu richtigen Worst-Case-Szenarien, wie Unfällen oder Anschlägen. Doch Sie haben ja Kapitel zwei aufmerksam gelesen! Führen Sie die Übungen, die Ihnen am besten gefallen, regelmäßig aus, dann dürfte es Ihnen um ein Vielfaches leichterfallen.

Wenn Sie das Buch bis jetzt einfach so durchgelesen haben, dann wissen Sie jetzt, dass es sinnvoll ist, die Übungen wirklich zu machen. Sie können sich zusätzlich ein Visionboard anfertigen. Ein Visionboard ist eine Collage Ihrer Ziele, welche in Form einer Pinnwand, einer Magnettafel oder am Computer erstellt werden kann. Wichtig ist, dass Sie sich eingehend mit Ihren Zielen und Visionen beschäftigen und sich Bilder suchen, die Ihrer Vorstellung möglichst nahekommen.

Wählen Sie ruhig große Ziele und Visionen, denn diese dienen gleichzeitig als Fixstern, über den Sie in Kapitel neun noch mehr erfahren werden. Ich hatte beispielsweise Bilder von einem SUV, von einem großen Saal mit Menschen, die einem Redner zuhörten, einem Schiff, welches vor einem Strand lag, ein paar Fotos mit meiner Frau und einem Haus im Bauhausstil. Es ist nicht kompliziert. Suchen Sie sich einfach Bilder, die zu Ihren Visionen und Träumen passen, und erstellen Sie ihr Visionboard. Jetzt müssen Sie es nur noch so platzieren, dass Sie es täglich und am besten mehrmals sehen. Es sollte so platziert sein, dass Sie permanent bewusst und unterbewusst Ihre Ziele wahrnehmen. Es wirkt fast wie eine Art Autopilot, der Ihre inneren Systeme auf Zielerreichung ausrichtet.

Mein letztes Visionboard ist jetzt ungefähr viereinhalb Jahre alt, und zum jetzigen Zeitpunkt wird mein letztes Ziel verwirklicht: unser neues Haus wird gerade gebaut. Ich bin schon dabei, ein neues Visionboard zu erstellen. Es überwältigt mich zu sehen, was meine Frau und ich in diesen viereinhalb Jahren geschafft haben. Als ich meine ersten Visionen zusammenstellte, kamen mir diese noch unerreichbar vor. Doch dass ich jetzt alle meine damaligen Ziele erreicht habe, zeigt mir ein weiteres Mal, dass wir Menschen unterschätzen, was wir zu leisten imstande sind. Nicht einmal fünf Jahre hat es gedauert, um aus meinen Träumen und Vorstellungen Wirklichkeit werden zu lassen.

Wenn Sie ein klares Ziel, ja eine Vision von dem haben, was sie erleben wollen, wer Sie sein wollen oder was Sie haben wollen, richten Sie Ihren Fokus darauf. Denken Sie immer daran, dass die Energie der Aufmerksamkeit folgt. Sie glauben doch nicht, dass ein Top-Fußballspieler sich vorstellt, wie er den Ball an die Latte schießt, oder ein Rennfahrer in Gedanken von der Fahrbahn abkommt. Gewiss nicht! Sie wissen genau, was sie wollen, und richten ihren Fokus darauf.

Sie sollten natürlich nicht bei der Visualisierung bleiben, sondern alles dafür tun, dass ihre Vision Wirklichkeit wird. Denken Sie an die 72-Stunden-Regel.

Sie merken vielleicht, dass ich immer wieder Verknüpfungen zu den vorangegangenen Kapiteln aufzeige. Das soll ihnen zeigen, wie die verschiedenen Werkzeuge aus meinem kleinen Werkzeugladen sich gegenseitig unterstützen. Je häufiger Sie die verschiedenen Tools miteinander kombinieren, desto leichter wird es Ihnen fallen. Sie dürfen natürlich auch kreativ sein. Keine der

Techniken ist in Stein gemeißelt. Sie können sie nach Belieben modifizieren und kombinieren. Vielleicht ist Ihre 72-Stunden-Regel eine 57-Stunden Regel. Vielleicht benutzen Sie die Atemübung aus Kapitel drei dazu, besser einschlafen zu können.

Egal was Sie tun – überprüfen Sie die Wirkung, spüren Sie nach, was es mit Ihnen macht, wenn Sie einzelne Übungen ausführen. Optimieren Sie und justieren Sie nach, bis es sich für Sie genau richtig anfühlt. Ich habe viele Tools und Übungen, die ich in den zahlreichen Ausbildungen und Seminaren gelernt habe, im Nachhinein für mich so abgeändert, dass sie für mich passend sind. Hauptsache, Sie fühlen sich gut und kommen voran!

Checkliste

1. Wählen Sie ein Ziel oder eine Vision aus und versuchen Sie, diese(s) zu visualisieren.

2. Stellen Sie sich alles so perfekt wie möglich vor. Ein echtes Best-Case-Szenario.

3. Lassen Sie kein Detail aus. Überlegen Sie sich die positiven Auswirkungen.

4. Üben Sie so oft wie möglich. Es gibt etliche Möglichkeiten jedenTag

5. Kontrollieren Sie, wie es sich für Sie anfühlt, und optimieren Sie falls nötig den Vorgang.

6. Fertigen Sie ein Visionboard an.

Kapitel 7: Die Kopfbremse lösen und durchstarten

Mit „Kopfbremse" meine ich die Bremse, die in Ihrem Kopf eingebaut ist und mit der Zeit festzurosten scheint. Meiner Erfahrung nach hat fast jeder so eine Kopfbremse. Manche Menschen bremsen mehr, manche bremsen weniger. Um Ihnen das Prinzip zu erklären, gebe ich Ihnen ein Beispiel aus der Tierwelt. In Indien setzt man Elefanten zur Waldarbeit ein. Man kettet die Jungtiere mit dem Fuß an einen Pfahl. Auf diese Weise lernen sie, dass sie nicht weglaufen können. Nach vielen erfolglosen Versuchen rastet die Kopfbremse ein, und der Elefant fügt sich seinem vermeintlichen Schicksal. Selbst wenn der Elefant ausgewachsen ist und sich problemlos befreien könnte, tut er es nicht, weil er so stark konditioniert ist. Jetzt reicht sogar ein dünnes Seil, um den Elefanten am Weglaufen zu hindern. Und damit sind es nicht mehr die realen Gegebenheiten, die den Elefanten daran hindern, einfach das Weite zu suchen. Es ist vielmehr die fest angezogene Kopfbremse.

„Na und, es sind halt Tiere", sagen Sie jetzt vielleicht. Weit gefehlt! Wir Menschen haben ebenfalls Kopfbremsen, und diese sind oft sogar wesentlich komplexer als die der Tiere. Wir lassen uns sogar von Aussagen anderer bremsen. Das Perfide an den menschlichen Kopfbremsen ist, dass sie sich schleichend ausbreiten. Häufig halten sie uns sogar von Dingen ab, die unseren Horizont erweitern und uns eine Menge Freiheiten zurückgeben könnten, die wir uns auf dem Weg zum Erwachsenwerden selbst genommen haben. Ich habe mich häufig von anderen beeinflussen lassen und dadurch meine Kopfbremse in vielen Bereichen immer fester angezogen. Dinge, die mir als Kind noch ganz leicht gefallen sind, kosteten mich noch vor einigen Jahren sehr starke Überwindung. Mir fielen jede Menge Argumente ein, warum ich etwas nicht tun sollte. In Wirklichkeit waren es aber nur Ausreden. Ich war so in vielen dogmatischen Glaubenssätzen gefangen, dass ich diesen Zustand als normal erachtete. Sätze wie „Das tut man nicht!" oder „Das gehört sich nicht!" wurden zu festen Regeln in meinem Leben. Ich hatte nicht einmal bemerkt, wie sehr mich das einschränkte, bis ich eines Tages eine Übung machte, die mir die Augen öffnete. Doch dazu später mehr.

Wenn wir auf die Welt kommen, sind wir Wesen mit schier unbegrenztem Potential. Wir sind offen für alles, was um uns herum ist. Doch je älter wir werden, desto mehr wird unser Horizont begrenzt: durch Erziehung, Schulsystem, Religion, soziales Umfeld, Moral. In jedem Bereich wurden wir unserem Kulturkreis entsprechend erzogen. Oft wurden und werden wir moralischen Grundsätzen ausgesetzt, die nicht unbedingt allgemeine Gültigkeit besitzen müssen. Doch geht es uns mit diesen Grundsätzen wie dem Elefanten, der angebunden ist. Auch wenn wir in der Lage sind, uns ganz einfach von ihnen zu befreien, tun wir dieses meistens nicht.

Kinder hingegen sind da oft noch ganz frei. Als ich noch kleiner war, war ich mit meiner Tante in der Stadt unterwegs. Wir gingen die lange Einkaufsstrasse entlang, und ungefähr auf der Höhe eines Spielwarenladens, an dessen Schaufenstern ich mir als Kind immer die Nase platt drückte, saß ein Mann in einem Rollstuhl. Ich sah ihn eine Weile an, und schließlich fragte ich ihn, warum er im Rollstuhl säße. Als meine Tante das mitbekam, zog sie mich am Arm zur Seite und sagte: „Das fragt man nicht!" Ich erschrak und konnte mir nicht erklären, was daran falsch gewesen sein sollte. Dennoch murmelte ich „Tschuldigung" und ging mit meiner Tante weiter. Damit war ein moralisches Gebot für mich entstanden. Ich akzeptierte es, ohne zu hinterfragen, wer der Urheber sei und warum man das nicht tut. Auf diese oder ähnliche Weise ist bestimmt das eine oder andere Schloss auf meine Türen gekommen, und ich habe diese Türen lange nicht geöffnet.

Das änderte sich an einem Tag während einer meiner Ausbildungen. Bei einer Übung ging es darum, diese Türen, die man im Leben mit dicken Schlössern verhangen hatte, noch einmal zu öffnen und zu überlegen, ob man sie nicht doch lieber offen behalten will. Bitte Verstehen Sie diesen Teil richtig! Es ging nicht darum, in Extreme zu verfallen und allgemein gültige Regeln oder sogar Gesetze zu brechen. Es ging darum, genau nachzusehen, welche Grenzen ich mir selber auferlege. Jeder der Teilnehmer sollte sich drei verschlossene Türen vornehmen. Ich hatte die Aufgabe, mich viel lauter als gewöhnlich in der Öffentlichkeit zu unterhalten, mir auf der Damentoilette die Hände zu waschen und mit einer Gruppe behinderter Jugendlicher samt Betreuer über ihren Musikbus zu sprechen. Diese drei Dinge mögen banal und unproblematisch erscheinen, doch für mich waren es kleine Wagnisse. Wir hatten eine Stunde Zeit, um die drei Türen für uns zu öffnen. Wir sollten keine extremen Dinge vor anderen tun, sondern kleine Hemmnisse des privaten und alltäglichen Lebens bewusst meistern.

Um meine erste Tür zu öffnen, ging ich auf den Indoor-Balkon des Hotels, in dem das Seminar stattfand. Dieser befand sich ungefähr vier Meter hoch in der Empfangshalle. Dort unterhielt ich mich lauthals etwa zwei Minuten mit einem anderen Teilnehmer, welcher ungefähr fünf Meter von mir entfernt auf einen Sofa unten in der Empfangshalle saß. Es war nicht das Ziel, die anderen Gäste zu stören, sondern herauszufinden, ob ich diese Tür offen oder geschlossen halten würde, und wie stark die Überwindung war, sie überhaupt zu öffnen. Das Gefühl war für mich ähnlich wie das Gefühl, vor großen Gruppen zu sprechen. Erst war es eine Überwindung, wurde aber mit jedem Moment leichter. Selbst die verwirrten Blicke der anderen brachten mich nicht aus der Ruhe. Auch diese Situation war am Anfang nur so befremdlich, weil es um erlernte Verhaltensregel ging. Hätte ich vom Balkon in der ersten Etage eines Wohnhauses mit dem Nachbarn im Garten des Erdgeschosses gesprochen, wäre es sicher kein Thema gewesen. Doch in einer Hotel-Empfangs-Halle gelten ähnliche Verhaltensregeln wie in einer Bibliothek.

Das Gleiche galt für mein zweites Schloss. Auch hier ging es um die Umstände, unter denen ich die Damentoilette betrat. Die Herrentoilette war intakt und auch nicht überfüllt. Meine Erziehung gebot mir, die Damentoilette außer im Notfall nicht zu betreten – ein ähnliches Gebot, wie auf einem Beerdigungskaffee nicht lachen zu dürfen. Ich klopfte also vorsichtig an, öffnete die Tür und fragte fast schüchtern: „Hallo, ist jemand hier?" Als keine Antwort kam, ging ich hinein und wusch meine Hände. Ein eigenartiges Gefühl, im ersten Moment zumindest. Nachdem ich meine Hände getrocknet hatte, verließ ich die Damentoilette wieder. In anderen Situationen hätte ich wahrscheinlich schamloser die Damentoilette betreten. Beispielsweise, wenn das Bedürfnis nach einem Stillen Örtchen aus dringendem Grund extrem groß und die Ausweichmöglichkeiten nicht vorhanden wären. Große Not enthemmt. Nach meinem Besuch auf den mit einem D gekennzeichneten Räumen hatte ich ein gemischtes Gefühl von Befreiung, Triumph und „ach, war doch halb so wild".

Ich machte mich an meine letzte Aufgabe. Vor dem Hotel stand ein ausrangierter Linienbus – so ein richtig langer mit Gelenk, wie sie im örtlichen Nahverkehr eingesetzt werden. Auf der Längsseite befanden sich großflächige Aufkleber mit Noten und der Aufschrift „Musik-Bus". Die Türen waren verschlossen, aus dem Inneren klang leise Musik. Früher hätte ich meiner Neugier nicht nachgegeben und mir wahrscheinlich gesagt „wo Musik-Bus draufsteht, ist auch Musik-Bus drin", um bloß nicht meiner Scham und meiner Ängstlichkeit begegnen zu müssen, die mich beschleichen könnten, wenn ich an die Bustüre klopfen würde. Doch diesmal ging ich mit diesem entspannten Es-kann-nichts-passieren-Gefühl zum Bus, gepaart mit großer Neugier. Ich klopfte an die Tür. Kurz darauf öffnete man mir. Ich stellte mich vor und fragte nach, was es mit dem Bus auf sich habe. Die beiden freundlichen Herren baten mich herein und zeigten mir den komplett umgebauten Innenraum. Er war mit mehreren schalldichten Kabinen mit Mikrofonen und Instrumenten ausgestattet. Es gab zusätzlich ein großes Mischpult sowie einen Aufenthaltsbereich. Der Bus war eine mobile Möglichkeit, behinderten Kindern und Jugendlichen das Musizieren zu ermöglichen. Eine fantastische Idee! Als ich nach der kleinen Führung und einem sehr erkenntnisreichen und interessanten Gespräch wieder auf dem Weg Richtung Hotel war, fühlte ich mich großartig.

Auch wenn das alles für die meisten Menschen keine großen Dinge gewesen wären, so waren es für mich wirkliche Herausforderungen. Seit dem Tag habe ich immer mehr Türen geöffnet und meine Kopfbremse Stück für Stück gelöst. Mittlerweile habe ich einen Führerschein, habe Bungee-Jumping gemacht. Ich habe vor mehreren hundert Leuten gesprochen, baue mein Wunschhaus, schreibe dieses Buch und habe vielen Menschen geholfen, ihr Leben zu verbessern. Hätte ich nicht angefangen, meine Kopfbremse mit dieser tollen Übung zu lösen, hätte ich wahrscheinlich niemals so viel erreicht. Für mich waren es kleine und größere Ängste, die als Schloss vor meinen Türen hingen und zum Teil auch noch hängen. Ängste vor den Reaktionen der Anderen – vor dem, was im schlimmsten Fall hätte passieren können.

Ich bin sehr froh, dass ich bis jetzt alle Ängste überwinden konnte. Nahezu alle waren unbegründet. Denn keine der Konsequenzen, die sich in meinem Kopf abzeichneten, sind auch nur annähernd eingetreten. Im Gegenteil! Es waren positive Erfahrungen mit vielen neuen Erkenntnissen, die meinen Horizont enorm erweitert haben. Welche Türen würden Sie gerne bei sich aufschließen? Vielleicht möchten Sie offensiver an die Partnersuche herangehen. Vielleicht wollen Sie einen anderen Job, oder vielleicht wollen Sie einfach nur mal etwas anders machen als bisher. Viele Menschen stecken fest im Alltag, in diesem Hamsterrad, und kommen nicht so recht von der Stelle. Insgeheim wünschen sie sich mehr und fühlen sich zu Höherem berufen. Eine Menge Leute, die ich kennengelernt habe, sind leidenschaftslos geworden. Beispielsweise würden sie ihren Job keinen Tag länger machen, wenn es kein Geld dafür geben würde. Denn sie haben keinerlei Spaß an ihrer Arbeit. Sie halten an unangenehmen Dingen fest, weil sie mehr Angst vor der Veränderung haben. Dabei ist diese gar nichts Schlimmes!

Oft steht Veränderung für Verbesserung. Wenn Sie ein vielfältiges Buffet vor sich haben, essen Sie wahrscheinlich auch nicht nur eine Sache. Also los! Welche Dinge wollen Sie verändern? Welche Türen müssen Sie dafür aufschließen? Vergessen Sie nicht, dass unser Leben ein Haltbarkeitsdatum hat, welches uns in den meisten Fällen nicht genau bekannt ist.

Gehen Sie es an! Verschwenden Sie keine Zeit! Schließen sie Tür für Tür auf und lösen Sie ihre Kopfbremse. Sie werden sehen – es lohnt sich, wenn sie sich Ihre Freiheit stückweise zurückholen. Was würden Sie tun, wenn Sie keine Angst hätten? Vielleicht springen sie bald von alleine aus dem Hamsterrad und hauen eine gewaltige Delle ins Universum. Ich habe durch das einfache Tun von diesen Dingen so viele Erkenntnisse gewonnen und Hemmungen verloren, dass ich mittlerweile nicht mehr fassen kann, mich selber einmal so eingeschränkt zu haben. Stellen Sie sich vor, Sie hätten ein großes Haus mit vielen verschlossenen Türen. Jede dieser Türen steht für etwas, was Sie nicht tun, weil Sie eine innere Sperre spüren – sei es wegen Sätzen wie „Das tut man nicht!" oder weil Sie die Konsequenz fürchten. Sie können auch eine Skizze von dem Haus und den Türen machen und die Türen dementsprechend beschriften, oder Sie nutzen die Skizze im Anschluss. Wenn Sie dann eine Tür geöffnet haben, können Sie diese abhaken. Vielen meiner Klienten hat das sehr geholfen. Außerdem ist es schön zu sehen, wie viele Türen Sie mit der Zeit geöffnet haben.

Natürlich entscheiden nur Sie, ob Sie eine Tür öffnen, und wenn ja: welche Tür das ist.

Checkliste

1. Identifizieren Sie Ihre Kopfbremsen und finden Sie die verschlossenen Türen.

2. Fragen Sie sich, ob es nützlich wäre, die Tür zu öffnen, und ob Sie es wollen.

3. Wenn Sie eine Tür geöffnet haben, spüren Sie, wie es sich anfühlt.

4. Haken Sie die Türe ab.

89

Kapitel 8: Ruhig mal Verantwortung übernehmen.

Da Sie jetzt eine Menge Übungen und Anregungen bekommen haben, welche Sie hoffentlich nicht nur gelesen, sondern auch praktisch ausgeführt haben, kommen wir jetzt zum Thema Verantwortung.

In unserer Gesellschaft liegt der Fokus meiner Meinung nach viel zu stark auf vermeintlichen Fehlern, statt auf Erfolgen. Das fängt schon in der Kindheit an. In der Schule beispielsweise werden bei Tests und Arbeiten immer nur die Fehler markiert, und sogenanntes Fehlverhalten wird stärker geahndet als gutes Verhalten gelobt. Wen wundert es da schon, dass wir geradezu eine Fehleraversion entwickeln. Wir haben geradezu Angst, Fehler zu machen. Dabei sind Fehler, wie schon in Kapitel eins erwähnt, ein phänomenales Lerntool.

Die Crux dabei ist, dass Sie Verantwortung übernehmen müssen. Ich höre sehr oft in Ausreden, welche äußere Kraft daran schuld sei, dass etwas nicht geklappt hat: das falsche Wetter, der falsche Zeitpunkt, andere Menschen. Wenn Ihnen ein Vorhaben missglückt, müssen Sie auch die Verantwortung übernehmen, denn sonst werden Sie niemals daran wachsen. Klar, was sollen Sie auch schon tun, wenn jemand anders Schuld hat? Wenn ich mit meinem Nachbarn quatsche und deswegen zu spät zu einem Termin komme, habe ich die Verantwortung und nicht mein Nachbar. Wenn ich eine Prüfung nicht bestehe, trage ich die Verantwortung und nicht der Prüfer, weil er die für mich ungünstigeren Fragen gestellt hat. Wenn ich zehn Kilo zugenommen habe, kann ich auch nicht der abendlichen Pizza die Schuld geben. Es gibt noch zahllose weitere Beispiele.

Meiner Meinung nach ist das Verlagern von Verantwortung unserer Angst vor Fehlern geschuldet. Denn ein missglückter Versuch wird sofort negativ bewertet und geächtet. Dabei lernen wir seit Anbeginn der Zeit durch geglückte und missglückte Versuche gleichermaßen. Gestehen Sie sich missglückte Versuche (Fehler) ein und lernen Sie daraus! Viele tolle Erfindungen wurden erst möglich, weil ihr Erfinder Verantwortung für seine Misserfolge übernahm und es bei den nächsten Malen besser gemacht hat. Übernehmen Sie auch Verantwortung für Ihre Erfolge! Ja, ich weiß: Bescheidenheit ist eine Zier, Eigenlob stinkt. Wenn ich mit diesen Aussagen bei Ihnen auf offene Ohren stoße, dann haben Sie gerade eine Tür gefunden, die es sich vielleicht zu öffnen lohnt. Denn Verantwortung für seine Erfolge zu übernehmen ist meiner Meinung nach überaus wichtig, um das Selbstwertgefühl zu steigern und zu wissen, wofür man überhaupt da ist. Feiern Sie sich selbst und klopfen Sie sich ruhig mal anerkennend auf die Schulter! Oder führen Sie Ihren eigenen Freudentanz auf, wenn Ihnen etwas gelungen ist.

Daraus lässt sich auch ein tolles Ritual machen. Meine Frau und ich geben uns permanent High Fives, wenn einem von uns etwas gelungen ist oder wenn etwas gut geklappt hat. Manchmal tanzen wir auch albern durch unser Haus und lassen unseren Erfolgsgefühlen freien Lauf. Zugegeben – wir sind da auch etwas verrückt, aber es macht nun einmal verdammt viel Spaß.

Wir Menschen streben nach Aufmerksamkeit und Anerkennung, und ich denke, es ist wichtig, sich selbst einen Teil davon zu geben. Wieso ich das meine, erkläre ich in Kapitel neunzehn. Es ist vollkommen okay, sich über seine eigenen Erfolge zu freuen, und es ist ebenfalls okay, mit anderen darüber zu sprechen. Sie erinnern sich an „Sprich über dein Glück"? Wenn Sie das richtige Umfeld haben, werden Sie auch gutes Feedback bekommen. Gutes Feedback ist sehr wichtig, um ein gesundes Selbstbewusstsein zu etablieren.

Besonders wichtig ist auch Folgendes: Sollten Sie in der Vergangenheit Ihren Erfolgen zu wenig Aufmerksamkeit geschenkt haben, holen Sie dieses jetzt nach. Ich weiß – alle sagen immer, sei im Moment und schau nur nach vorne. Doch in diesem Fall ist es durchaus sinnvoll, sich der Vergangenheit zu bedienen. Denn jeder von uns hat in der Vergangenheit Situationen gemeistert, Erfolge errungen oder kleine Ziele erreicht, die es gilt, sich wieder ins Gedächtnis zu rufen. Erinnern Sie sich an Ihre vergangenen Erfolge, mögen diese auch noch so klein sein, und erleben Sie sie mithilfe der Visualisierungstechnik noch einmal. Spüren Sie, wie es sich anfühlt. Beobachten Sie, was Sie damals getan haben, um das zu erreichen. Dabei können Sie wertvolle Ressourcen wiederentdecken, die Ihnen in ähnlichen Situationen in Gegenwart und Zukunft helfen können. Denn die größte Herausforderung erscheint uns um ein Vielfaches leichter, wenn wir sie schon einmal gemeistert haben.

Dieses Buch ist voll mit meinen kleinen und größeren Erfolgen. Sie helfen nicht nur mir, sondern halfen als Beispiele vielen meiner Klienten und Seminarteilnehmer. Oft waren es sogar die kleinen Erfolge, aus denen ich unglaublich viel gelernt habe. Und jetzt: los, los, los! Übernehmen Sie Verantwortung und lassen Sie Ihr Selbstvertrauen wachsen.

Kapitel 9: Der Fixstern unter den Zielen

Entscheidungen zu treffen ist anscheinend unsere leichteste Übung. Täglich treffen wir eine Vielzahl von ihnen – sehr viele sogar unbewusst. Durch die im Vorfeld angesprochenen Filter und Gewohnheiten, die wir uns im Laufe der Zeit zugelegt haben, sind die meisten Entscheidungen nahezu automatisiert: die Entscheidungen über die Route zur Arbeit, über die Reihenfolge unserer Abeitsabläufe, über die Wahl des Mittagessens und viele mehr.

Doch das sind nicht die Entscheidungen, die ich meine. Mir geht es um anspruchsvolle Themen, wie zum Beispiel die Entscheidung, den Arbeitsplatz zu wechseln oder ein Haus zu bauen – weitreichende Entschlüsse, die der Selbstverpflichtung bedürfen. Solche Entscheidungen treffen die meisten Menschen nur, wenn sie vollkommen dahinterstehen. Dieses Commitment benötigen Sie. Viele Menschen entscheiden sich heute so und morgen wieder anders, doch das bringt Sie nicht wirklich ans Ziel.

Suchen Sie sich ein übergeordnetes Ziel und verpflichten Sie sich, es zu erreichen. Suchen Sie einen Fixstern. Natürlich muss es Ihr Ziel sein, nicht eines, das Ihnen von außen auferlegt wurde. Sie müssen es unbedingt wollen, und Ihr Ziel muss ein starkes Warum haben. Denn nur wenn Ihr Warum stark genug ist, werden Sie Ihr Ziel auch erreichen.

Ich habe in der Vergangenheit viele Vorhaben wieder abgebrochen, oder sie sind mit der Zeit langsam im geistigen Nirvana versickert. Dies ist ein Beweis dafür, dass es keine wichtigen Ziele für mich waren. Es war einfach kein starkes Warum vorhanden. Doch Ziele, die ich unbedingt erreichen wollte, bin ich mit enormem Eifer und jeder Widrigkeit zum Trotz angegangen.

Beispielsweise habe ich meinen Führerschein in zehn Tagen gemacht, und das erst mit Mitte dreißig. Nicht, dass ich ihn nicht früher hätte machen wollen, doch man sagte mir, dass ich ihn aus gesundheitlichen Gründen nicht hätte machen dürfen. Mein Plan war, den Führerschein bei der Bundeswehr zu machen, um die Kosten nicht selbst tragen zu müssen. Bequemlichkeit war auch mit im Spiel.

Ich arbeitete im Einzelhandel, und die Arbeitszeiten waren alles andere als günstig. Bei der Musterung sprach ich das Thema Führerschein an. Der zuständige Arzt sagte mir, dass ich aufgrund meiner Sehbehinderung keinen Führerschein machen dürfe. Ich bin nämlich auf dem linken Auge fast blind und habe demnach kein räumliches Sehen. In diesem Moment brach eine kleine Welt für mich zusammen. Auf der anderen Seite vertraute ich natürlich der Aussage des Arztes und fand mich mit meinem Schicksal ab.

Als meine Frau im Jahr 2012 bei einem Augenarzt-Termin das Thema zur Sprache brachte, sagte dieser, es sei überhaupt kein Problem, und natürlich könne ich einen Führerschein machen. Es könne sein, dass es für den Wehrdienst nicht ausreichend gewesen sei, doch für den normalen Führerschein würde mit einer Sehhilfe nichts dagegensprechen. Ich fiel aus allen Wolken, war ich doch fünfzehn Jahre der festen Überzeugung, ich dürfe keinen Führerschein machen.

Ab diesem Moment war mein erklärtes Ziel, so schnell wie möglich die Fahrerlaubnis zu erhalten. Schnellstmöglich Auto zu fahren, flexibel und jederzeit mobil zu sein und nicht mehr auf andere oder öffentliche Verkehrsmittel angewiesen zu sein war mein WARUM, und zwar ein extrem starkes.

Ich suchte mir eine Fahrschule, die es mir ermöglichte, meinen Führerschein innerhalb meines Urlaubes zu machen. Die besagte Fahrschule hatte mehrere Filialen. Ich besuchte also in der Woche mehrere Fahrschulen in verschiedenen Städten mit Bus und Bahn, um so schnell wie möglich meine Theoriestunden zusammenzubekommen. Zusätzlich nahm ich täglich bis zu vier Fahrstunden, was für jemanden, der noch nie ein Auto gefahren hat, ein enorm anstrengendes Unterfangen ist. Mein Ziel, den Führerschein innerhalb meines Urlaubs in Händen zu halten, war so wichtig, dass mir das alles kaum etwas ausmachte.

Ich brauchte zehn Tage. Als ich das geschafft hatte, merkte ich, dass alle Anstrengungen und Mühen klein und unbedeutend wirken, wenn ein Ziel nur erstrebenswert genug und das Warum dahinter stark ist. Dieses Ziel war in dieser Zeit mein Fixstern. Es war groß und hell genug, dass es alles andere überstrahlte.

So etwas brauchen Sie, um voranzukommen! Einen Fixstern, ein Ziel, welches Sie unbedingt erreichen wollen. Zusammen mit den vorangegangenen Kapiteln können Sie es wunderbar visualisieren und auf Ihrem Visionboard unterbringen. Dieser Fixstern sollte ein großes Ziel sein, welches auch ruhig in weiter Zukunft liegen darf. Wenn Sie zu einhundert Prozent dieses Ziel erreichen wollen, hilft es Ihnen, alle Unebenheiten auf dem Weg dorthin zu meistern. Gerne können Sie natürlich auch kleine Zwischenziele einbauen, die Ihnen den Fortschritt anzeigen. Auch an diesem Punkt ist es wichtig, seine Erfolge zu genießen und anzuerkennen. Erfolgreiche Sportler arbeiten äußerst hart für ihre Ziele – nicht nur, dass sie dafür trainieren und sich viele vermeintliche Annehmlichkeiten untersagen. Nein! Sie verpflichten sich ihrem Ziel so stark, dass alles andere zur Nebensache wird.

Jede Bewältigung eines Hindernisses auf dem Weg bringt Sie Ihrem Traum ein Stück näher. Es ist eine weitere Stufe Richtung Fixstern. Ihr Fokus ist der Kompass und ihr unbedingter Wille, und Ihr Commitment für Ihr WARUM sind Ihr Treibstoff. Ich habe diesen Punkt bewusst erst in diesem Teil des Buches platziert, damit Sie sich vorher genug mit Techniken auseinandersetzen können, die Ihnen die Umsetzung erleichtern. Hier gebe ich Ihnen jetzt noch den Fixsterndetektor und den Ziel-Pass an die Hand.

Machen Sie sich eine Liste mit allen Dingen, die Sie haben wollen, oder Zielen, die Sie erreichen wollen. Prüfen Sie jeden Punkt auf Ihrer Liste auf das dazugehörige WARUM und wiegen Sie alle Punkte gegeneinander ab. Der Teil, bei dem Sie die größte Anziehungskraft verspüren, der Sie sofort träumen lässt, Ihr Herz höher schlagen und Sie dieses euphorische Kribbeln verspüren lässt, ist Ihr Ziel, Ihr Fixstern. Nehmen Sie dieses Ziel und schreiben Sie es auf eine Pappkarte. Diese Karte ist Ihr Ziel-Pass. Alternativ können Sie es auch wie ich machen und sich eine Grafik oder einen Schriftzug auf dem Sperrbildschirm Ihres Handys einrichten. Egal wie Sie es machen – wichtig ist, dass Sie Ihren Ziel-Pass mindestens dreimal täglich ansehen und Ihr Ziel somit nicht aus den Augen verlieren.

Nur zu! Benennen Sie Ihren Fixstern mit dem dazugehörigen Warum, und tun Sie alles dafür, ihn zu erreichen.

Checkliste:

1. Finden Sie Ihren Fixstern mit dem dazugehörigen Warum und fertigen Sie Ihren Ziel-Pass an. Wichtig ist: OHNE STARKES WARUM IST ES KEIN FIXSTERN!

2. Warum wollen Sie Ihr Ziel unbedingt erreichen?

3. Visualisieren Sie es, fühlen Sie es, hören Sie es, riechen und schmecken Sie es. Erleben Sie Ihr Warum mit allen Sinnen. Wenn Ihr Ziel finanzielle Freiheit ist, dann sehen Sie vielleicht Ihr neues Leben samt Haus und Auto und Ihrer sorgenfreien Familie. Sie spüren, wie es sich anfühlt, frei entscheiden zu können, wann Sie aufstehen oder einer Betätigung nachgehen. Eventuell riechen Sie das Salzwasser von Ihrer Jacht aus oder schmecken das Essen aus den besten Restaurants der Welt.

4. Schreiben Sie Ihr Warum auf, und zwar im Detail.

5. Spüren Sie, was das Warum in Ihnen auslöst und wie stark es ist.

6. Versprechen Sie sich selbst, alles zu tun um Ihr Ziel zu erreichen.

Fixsterndetektor

Ziel	Warum

Kapitel 10: Bewertung – das Etikett Ihrer Gedanken

Wie bereits in Kapitel fünf (Kommunikation) erwähnt, sehen wir die Welt durch die Filter der Vergangenheit. Alles, was wir im Laufe der Zeit erlebt haben und in Zukunft erleben, formt unsere Filter und bildet die Basis unserer Bewertung. Wir gehen immer davon aus, dass wir die Welt objektiv wahrnehmen können, doch das ist nicht uneingeschränkt möglich.

Abgesehen von unseren biologischen Filtern sind es doch vor allem die von uns erschaffenen oder übernommenen Filter, die uns maßgeblich beeinflussen.

Nehmen Sie beispielsweise dieses Buch – unabhängig davon, ob Sie es als Printausgabe oder E-Book lesen. Fragen Sie sich selber einmal, wie Ihnen dieses Buch inhaltlich gefällt. Wie gefällt Ihnen das Cover, die Gliederung? Wie gefallen Ihnen die Querverweise? Ist es leicht verständlich? Würde es sich als Geschenk eignen? Zu welchem Schluss sind Sie gekommen? Auch wenn ich hoffe, dass jedem das Buch gut gefällt, so weiß ich doch, dass das nicht realistisch ist. Denn jeder hat andere Filter, durch die er die Welt um sich herum wahrnimmt. Der eine mag meinen Schreibstil nicht, ein anderer bemängelt den Inhalt, andere lieben es einfach und lesen es sogar öfter.

Nicht nur unsere eigenen Filter bilden unsere Meinung, sondern zum Teil auch die Filter der Menschen aus unserem Umfeld. Sie erinnern sich an die Spiegelneuronen? Eltern, Lehrer, Vorgesetzte, Kollegen, Freunde, Vorbilder, aber auch Rezensionen, Expertenaussagen oder Nachrichten bestimmen unsere Meinungen mit. Die Tagesform kann ebenfalls großen Einfluss auf unsere Wahrnehmung und die damit verbundene Bewertung nehmen. Wenn Sie frisch verliebt sind, bringt sie ein Glas, welches Sie fallen lassen und das zerbricht, garantiert nicht einmal in die Nähe von Unruhe. Sie können vielleicht sogar darüber lachen. Haben Sie allerdings verschlafen und wissen, dass Sie ganz sicher zu spät zu einem Termin kommen werden, ist ein fallengelassenes und zerbrochenes Glas nur das Tröpfchen, welches das Fass zum Überlaufen bringt. Das ist der Moment, in dem völlig neue Schimpfwörter erfunden werden.

Doch auch viele kulturelle und generationsübergreifende Filter kommen hinzu. Ich habe viele Filter meiner Eltern übernommen, welche meine Eltern wiederum von ihren Eltern übernommen haben. Einige habe ich behalten, einige habe ich durch neue ersetzt. Doch viele der Menschen, die ich kennengelernt habe, waren der Ansicht, einmal etablierte Filter und die daraus entstandenen Meinungen seien in Stein gemeißelt und hätten allgemeine, immerwährende Gültigkeit. Sie gehören hoffentlich zu den Menschen, die da etwas flexibler und bestehende Meinungen zu hinterfragen und zu optimieren bereit sind.

In Deutschland zum Beispiel existieren viele Anti-Spaß-Filter. Stellen Sie sich einmal vor, Sie sitzen ohne Begleitung in einem Restaurant und lachen leidenschaftlich. Im ersten Moment ernten Sie aller Wahrscheinlichkeit verwunderte bis strafende Blicke. Sollten Sie daraufhin das Lachen nicht einstellen, wird man schließlich glauben, Sie wären verrückt. Manche werden mit dem Gedanken spielen, Sie einweisen zu lassen. In Deutschland darf man nur lachen, wenn man nicht alleine ist. Wenn alle Beteiligten wissen, warum gelacht wird, ist das Lachen genehmigt. Ich für meinen Teil sehen lieber lachende als grimmige oder traurige Menschen.

Eine Situation, die mir gut im Gedächtnis geblieben ist, ist die Begegnung mit einen kleinen Jungen und seiner Mutter in der Straßenbahn. Als ich noch regelmäßig mit Bus und Bahn gefahren bin, habe ich häufig die anderen Fahrgäste und deren Aktivitäten beobachtet. So auch an diesem Tag. Ich saß in der Bahn zum Hauptbahnhof, als mir ein kleiner Junge auffiel, der mit seiner Mutter einige Plätze vor mir saß. Der kleine, recht aktive Junge drehte sich auf seinem Sitz um, sodass er auf dem Platz kniete und die anderen Fahrgäste im hinteren Teil beobachten konnte. Er lachte und kicherte, als er sich immer wieder mit seinem Kopf hinter seiner Rückenlehne versteckte, wenn andere Mitfahrer den Blickkontakt zu ihm aufnahmen. Gerade als ich dachte, welch ein lebensfrohes Kind das doch sei und wie unbeschwert er noch alles erleben darf, zog seine Mutter ihn am Arm und drehte ihn etwas unsanft wieder in die richtige Sitzposition. „Jetzt ist aber gut, bleib jetzt mal sitzen und sei ruhig", rief sie. Der kleine Junge und ich wurden schlagartig aus unserer Lebensfreude-Trance gerissen. Da wurde mir einmal mehr bewusst, wie stark diese Filter und Muster sind, die uns sogar zeigen, wann wir glücklich sein dürfen und wann nicht. Die Mutter bewertete die Situation anscheinend völlig anders als ich. Sie war augenscheinlich genervt von der aktiven Art ihres Jungen. Aber ich fand es toll zu sehen, wie viel Spaß der kleine Kerl hatte. Sein Lachen steckte mich und einige andere an.

Dieses Erlebnis ist bis heute für mich wegweisend. Alles, was Sie in diesem Buch lesen, soll Ihnen dabei helfen, Ihren Fokus mehr auf die tollen Momente im Leben und auf Lösungen zu richten, statt auf Probleme. Sehen Sie die Dinge erst einmal, wie sie sind, und dann denken Sie über die Bewertung nach. Die meisten negativen Bewertungen helfen Ihnen weder dabei, sich besser zu fühlen, noch das Problem zu lösen. Allen, die durch negative Bewertungen und Nörgeln Aufmerksamkeit bekommen haben, sei gesagt, dass Aufmerksamkeit, die sie durch eine lösungsorientierte und lebensbejahende Einstellung bekommen, ganz gewiss eher voranbringt und auf Dauer glücklicher macht.

Nehmen Sie Beispielsweise Schnee. Schnee ist weder gut noch schlecht, nur unsere Bewertung ist es. Sie können sich über Schnee ärgern, weil sie Ihr Auto freischaufeln müssen und ein Verkehrschaos befürchten, oder Sie können sich darüber freuen, weil Sie mit Ihren Liebsten einen zauberhaften Winterspaziergang unternehmen, einen Schneemann bauen oder eine Schneeball-schlacht machen können, welche Ihr inneres Kind hervorbringen kann. Meiner Meinung nach sollten Sie die letzte Variante wählen. Ich bin jedenfalls sowieso nie ganz erwachsen geworden und liebe es, gelegentlich albern zu sein. Das macht mich aus und hilft mir dabei, mich lebendig zu fühlen. Das Wetter können Sie nicht verändern, aber Ihre Bewertung schon.

Denken Sie darüber nach, wenn Sie sich das nächste Mal dabei erwischen, wie Sie sich über etwas aufregen und anfangen zu nörgeln. Ich habe Ihnen hier schon einige Beispiele dafür gegeben, wie ich im Laufe der Zeit meine Bewertungen geändert habe.

Nehmen wir den Arzt aus meinem Vorwort. Anfangs habe ich ihn innerlich beschuldigt, ein unempathisches Arschloch zu sein, welches sich ein Dreck um seine Patienten schert. Doch im Nachhinein betrachtet hat er den Grundstein für mein heutiges Leben gelegt, und dafür bin ich dankbar. Hätte er mich nicht wütend gemacht, hätte ich wahrscheinlich nicht die Kraft gehabt, diesen Weg einzuschlagen.

Wir Menschen wollen keine Probleme oder Krisen, doch wir wachsen enorm an ihnen, wenn wir sie meistern. Darüber erfahren Sie in Kapitel siebzehn mehr.

Nun ist der Zeitpunkt gekommen, sich einmal zu fragen, was die Probleme und Krisen der Vergangenheit uns an positiven Ressourcen beschert haben. Dabei ist es egal, ob Ihr Lösungsweg damals optimal war, oder ob Sie daraus gelernt haben, wie es besser geht. Denn dies ist der erste Schritt, um die eigene Bewertung zu optimieren. Wenn Sie feststellen, welche schwierigen Probleme Sie bereits in der Vergangenheit gelöst haben, kann auch die Zuversicht in Ihr zukünftiges Potential wachsen. Sollten Sie also einmal in einer anspruchsvollen Situation stecken, denken Sie daran, welche vergleichbare Situation Sie bereits in der Vergangenheit gemeistert haben, und welche Ihrer Ressourcen Ihnen helfen können.

Wenn Sie es mithilfe dieses Kapitels geschafft haben, Ihre Bewertung ein wenig zu ändern, sind Sie jetzt bereit für Level zwei: Vergebung. Üben Sie sich in Vergebung! Werfen Sie damit alte Bewertungen und Ballast ab, der Sie geistig an die Vergangenheit bindet. Kennen Sie Menschen, die eine Enttäuschung erfahren und nichts Besseres zu tun haben, als diese immer und immer wieder breitzutreten? Für solche Leute ist es zum Beispiel das Highlight, auf jeder Familienfeier davon zu erzählen, wie sie damals von ihrem Partner betrogen worden sind. Gehören Sie vielleicht selber zu dieser Gruppe von Menschen? Vergeben Sie, und schneiden Sie damit die Gummiseile durch, die Sie – in der Hoffnung, sie ließe sich noch ändern – immer wieder in die Vergangenheit ziehen.

Wenn Sie vergeben können, kommen Sie von der Vergangenheit ins Jetzt und holen sich damit Energie wieder zurück, die Sie vorher darauf verschwendet haben, auf jemanden wütend oder über eine Situation traurig zu sein. Energie, die

Sie nun dazu benutzen können, Ihre Ziele zu erreichen.

Wenn Sie die ersten Erfolge in puncto Bewertung und Verzeihen sehen, können Sie sich an die nächste anspruchsvolle Aufgabe machen: Kritik wandeln. Wie oft gab es in unserem Leben schon Situationen, in denen wir kritisiert wurden. Im meinem Leben gab es und gibt es etliche. Oft wird Kritik nicht als liebevoller Rat verpackt, sondern uns in vorwurfsvoller Weise direkt an den Kopf geworfen. Das ist auch der Grund, warum wir sie in den meisten Fällen nicht wirklich verwenden können, oder erst viel später einen Hauch von Wahrheit darin entdecken. Wir wollen uns nicht maßregeln lassen – und schon gar nicht auf eine Art, durch die wir uns wie ein wehrloses Kind fühlen. Werden wir kritisiert, gehen unsere Schutzschilder hoch. Wir wollen die lieblosen Aussagen natürlich nicht akzeptieren.

Sie erinnern sich an das Kapitel fünf – Kommunikation (Stammhirn)? Jetzt ist der Zeitpunkt, über Ihren Schatten zu springen, und den eigenen Stolz etwas beiseitezurücken. Denn oft stecken in Kritik nützliche Informationen, die Sie weiterbringen können, wenn Sie diese beachten. Auch wenn Sie die Kritik nicht sofort und im Beisein des Gesprächspartners annehmen können oder wollen, sollten Sie sich direkt im Anschluss die Kernaussage notieren. Der Sinn ist nicht, sich im Nachhinein wieder darüber zu echauffieren, sondern zu überlegen, ob Sie einen positiven Aspekt darin erkennen können. Manchmal werden dadurch Schwachstellen aufgedeckt. Eventuell entdecken Sie etwas, das Sie weiterbringt oder vielleicht noch gar nicht bedacht haben. Selbst wenn Sie es für sich alleine machen und keinem davon erzählen, rate ich Ihnen, sich zum Beispiel im stillen Kämmerlein mit der Kritik auseinanderzusetzen. Denn auf Misthaufen können auch tolle Blumen wachsen.

Ein weiterer Rat, der Ihre Bewertung verändern kann: Nutzen Sie die MOAR-Momente! Für mich sind MOAR-Momente die Momente, in denen ich dieses Geräusch mache: MOAR! Wenn Beispielsweise jemand vor mir bei erlaubten 70 km/h nur 50 km/h fährt; wenn mir mit vollgepackten Einkaufstüten vor der Haustür der Schlüssel aus der Hand fällt; wenn ich frisch gestylt von einem Vogel angeschissen werde, dann ist es Zeit für ein MOAR. Ich habe es mir zur Aufgabe gemacht, diese reaktive Wut mit der in Kapitel drei beschriebenen Atemtechnik herunterzufahren. Ich lache sogar darüber und wandele sie damit in positive Energie um. Es hat schon einige Zeit gedauert, doch mittlerweile muss ich schon schmunzeln, wenn ich nur dieses Geräusch mache. Die Situation hat schon fast einen rituellen Charakter, weil der Laut MOAR mittlerweile ein Trigger für gute Laune ist. Somit habe ich aus einem Ausruf für reaktive Wut einen Anlass zur guten Laune gemacht.

In den vielen kleinen Alltagssituationen, die früher mein Fass dem Überlaufen nähergebracht haben, funktioniert diese Technik prima. Probieren Sie es aus! Nehmen Sie sich nicht zu ernst und lachen Sie ruhig mal über die kleinen MOAR-Momente.

Sicherlich werden Sie Situationen ausgesetzt sein, in denen es nicht so leicht funktioniert, doch die Herausforderung liegt ja darin, sich zu steigern. Jede Situation, in der es Ihnen gelingt, einen MOAR-Moment nicht so ernst zu nehmen oder vielleicht sogar darüber zu lachen, ist ein Erfolg, den Sie abends in Ihr Glücksjournal schreiben können. Auf diese Weise schließen Sie Stück für Stück den Kreis. Sammeln Sie Ihre täglichen Erfolge und Glücksmomente! Kommen Sie sich und Ihren Verhaltensmustern auf die Schliche, arbeiten Sie an Ihren Bewertungen, verzeihen Sie und lachen Sie über Ihre persönlichen MOAR-Momente.

Checkliste:

1. Überprüfen Sie Ihre Bewertungen. Sind es wirklich Ihre? Haben Sie das mal irgendwo gelesen oder hören Sie sogar Ihre Eltern in Ihrer Bewertung? Ist es möglich, dass eine andere Bewertung sinnvoller ist?

2. Vergeben Sie! Lassen Sie alten Ballast hinter sich und kappen Sie die Gummiseile, die Sie immer wieder zurückziehen.

3. Nutzen Sie Ihre MOAR-Momente. Vielleicht heißen sie bei Ihnen FUCK-Momente oder MIST-Momente, eventuell auch ganz anders. Wichtig ist, dass Sie sich in Momenten der reaktiven Wut selbst ertappen und deren Energie umwandeln.

Kapitel 11: Moment mal!

In unserer superschnelllebigen Zeit ist es nicht mehr vielen möglich, im Moment zu sein. Gehetzt von Projekten, Aufgaben und Deadlines wissen wir schon fast gar nicht mehr, wie das geht.

Wie oft passiert es uns, dass wir gerade etwas getan haben und kurz danach nicht mehr wissen, ob wir es tatsächlich getan haben, weil wir in Gedanken schon längst im Meeting oder bei der Einkaufsliste für den Nachmittag sind? Sie verlassen Ihr Haus oder Ihre Wohnung, und bereits nach zwei Schritten wissen Sie nicht mehr, ob Sie die Türe wirklich abgeschlossen haben.

Doch nicht nur die zukünftigen Ereignisse lenken uns davon ab, im Moment sein zu können, sondern auch vergangene. Denken Sie an die Gummiseile, die uns immer wieder zurückziehen – an die Person, die lieber an den Verrat aus der Vergangenheit denkt, anstatt die Familienfeier zu genießen. Wenn Sie ganz ehrlich sind und sich erlauben, sich dabei zu ertappen, finden Sie wahrscheinlich etliche Situationen, in denen es Ihnen ähnlich ergeht. Oder? Mir erging es bisweilen sogar eher so, dass ich mich nicht mal daran erinnern konnte, wann ich das letzte Mal so richtig und bewusst im Moment war. Während ich etwas tat, war ich gedanklich schon bei der nächsten und übernächsten Handlung. Ich konnte viele Situation überhaupt nicht in vollem Umfang wahrnehmen.

Selbst schöne Augenblicke wurden zerstört von von Dingen, die ich für wichtig hielt. Dabei waren sie eher dringlich als wichtig. Einige meiner Klienten waren der Auffassung, „dringend" und „wichtig" wären doch das Gleiche. Weit gefehlt! Doch das musste ich auch erst lernen. Hier ein paar kleine Beispiele. Wenn Ihr Telefon in einer Tour klingelt, dann ist es dringend, muss aber nicht wichtig sein. Wenn ein Kollege in der Tür steht und Sie um sofortige Erledigung einer Aufgabe bittet, dann ist es dringend, aber wer sagt, dass es etwas Wichtiges sein muss? Wenn Sie sich hingegen vornehmen, sich gesünder zu ernähren, dann ist es meist nicht wirklich dringend, aber es ist wichtig. Wenn Sie sich aufmachen, Sport zu treiben, dann ist es nicht dringend, aber es ist wichtig.

Sie merken den kleinen, aber feinen Unterschied? Sie dürfen ruhig einmal dringende Dinge nicht so wichtig nehmen, und umgekehrt bitte ich Sie, wichtige Dinge ruhig mal etwas dringender anzugehen. Denn Hand aufs Herz: Wer kann diese Entscheidung treffen, wenn nicht Sie selber? Lassen Sie mal die Arbeit nach Feierabend und verbringen Sie Zeit mit Ihren Lieben. Nehmen Sie sich einmal Zeit für sich selber und seien Sie im Moment. Doch Sie werden sich nun fragen, wie man denn im Moment sein kann. Wie geht das? Was muss ich dafür tun? Die Antwort ist wie so vieles in diesem Buch ganz einfach.

Nehmen Sie beispielsweise einmal bewusst Ihre Atmung wahr und sprechen Sie in Ihrem Kopf mit. Wenn Sie einatmen, sagen Sie sich in

Gedanken: „aum". Wenn Sie ausatmen, sagen Sie zu sich: „mua". Klingt simpel? Ist es auch. Indem Sie sich nur auf Ihre Atmung konzentrieren – sagen wir für den Anfang etwa fünf Minuten lang – und dabei Ihr Aum-Mua-Mantra stetig wiederholen, sind sie im Moment.

Sie schalten damit für einen Augenblick Ihren inneren Dialog stumm und sind nicht bei dringenden Aufgaben oder bei Vorkommnissen aus der Vergangenheit. Sie sind fünf Minuten vollkommen im Hier und Jetzt. Das ist der erste Schritt. Trainieren Sie das jeden Tag! Sie werden schnell feststellen, wie gut selbst fünf Minuten Im-Moment-Sein tun kann. Am Anfang werden Ihnen immer mal wieder andere Gedanken kommen. Lassen Sie sich nicht ablenken und denken Sie weiter Ihr Mantra, und Ihr innerer Dialog wird mit der Zeit leiser, bis Sie ihn irgendwann für die Dauer der Meditation komplett verstummen lassen können.

Ups! Jetzt hab ich es doch verraten: So funktioniert Meditation. Zumindest eine Art. Das Mantra können Sie natürlich ändern. Es sollte allerdings keinen Sinn für Sie ergeben, damit Sie von den Lauten nicht wieder auf neue Gedanken kommen, sondern Ihren inneren Dialog damit ausblenden. Erhöhen Sie die Dauer, bis Sie auf dreißig bis fünfundvierzig Minuten kommen. Dann können Sie feststellen, wie gut eine ausgewachsene Meditation sein kann. Wenn Sie Ihre Gedanken so lange kontrollieren, ist es, als würden Sie aus einem Saal mit vielen Menschen, die sich unterhalten, plötzlich alleine in einen schalldichten Raum kommen. Eine unglaubliche Ruhe! Das ist eine grandiose Erfahrung und ein tolles Mittel, dauerhaft zur Ruhe zu kommen. Das Ganze bedarf allerdings etwas Training – wie viele der Übungen in diesem Buch.

Eine zusätzliche Möglichkeit, im Moment zu sein, ist abwechselnd Ihre Finger zu strecken und diese zu benennen oder alle Muskeln in Ihrem Körper abwechselnd anzuspannen und zu entspannen und diese im Kopf mir den Körperteilen zu benennen. Beispielsweise Hand, Unterarm, Wade, Oberschenkel und so weiter.

Eine weitere Übung besteht darin, kleine Dinge des Alltags bewusst zu tun. Schließen Sie einmal bewusst Ihre Wohnungs- oder Haustüre ab! Sagen Sie sich innerlich, während Sie das tun: „Ich stecke den Schlüssel in das Schloss und drehe ihn, bis die Türe verschlossen ist, und ziehe ihn wieder raus." Klingt erst einmal recht albern, oder? Da lernen wir Aufgaben zu erledigen, ohne großartig darüber nachdenken zu müssen, und jetzt richten wir unsere gesamte Aufmerksamkeit darauf, eine Türe abzuschließen?

Nun, das dachte ich auch. Wenn ich mir allerdings die Situationen vergegenwärtigte, in denen ich mich nicht auf den Moment konzentrieren konnte, und in denen ich gefangen in irgendwelchen Szenarien in meinem Kopf nichts um mich herum mitbekam, dann leuchtete mir ziemlich schnell ein, dass ein wenig Entschleunigung eine Wohltat sein kann. Wie viel tun wir heutzutage, ohne unseren Fokus darauf zu richten? Damit meine ich nicht einmal vordergründig das Verschließen einer Tür, vielmehr die Momente, die es wert sind, genossen zu werden: ein schönes Abendessen mit Menschen, die Sie mögen, ein Spaziergang an einem wundervollen Tag oder einfach nur ein Moment mit der Person, die Sie lieben, ihr in die Augen zu sehen und sich daran zu erfreuen.

Auch hier können Sie in Gedanken all das beschreiben, was diesen Augenblick so besonders macht. In diesem Moment dürfen Sie es natürlich auch laut aussprechen. Ihr Gegenüber wird es zu schätzen wissen.

Probieren Sie es einfach mal aus! Ich bin mir sicher, dass Sie das Resultat abends in Ihr Glücksjournal schreiben können. All diese kleinen Momente sind um ein Vielfaches intensiver und schöner, wenn sie nicht von irgendwelchen Aufgaben, Todos oder Terminen getrübt werden. Lernen Sie wieder, in kleinen alltäglichen Situationen Momente bewusst wahrzunehmen. Es gibt viele Augenblicke, die es wert sind, Ihnen die volle Aufmerksamkeit zu schenken. Starten Sie sofort und üben Sie, wieder den Moment zu genießen! Denn mittlerweile müssten Sie ja wissen, dass es nur funktionieren kann, wenn Sie es auch tun.

Checkliste:

1. Bewusst atmen (in Gedanken mitsprechen: aum und mua), bis hin zur ausgewachsenen Meditation

2. Nehmen Sie kleine Momente und erleben Sie diese bewusst, indem Sie Ihre Tätigkeit in Gedanken beschreiben.

3. Wiederholen Sie die Momentübung mehrmals täglich.

4. Genießen Sie ohne in Gedanken abzuschweifen tolle Momente, indem Sie im Kopf alles aufführen, was diesen Moment für Sie besonders macht.

Herzlichen Glückwunsch! Sie haben nicht aufgegeben und lesen immer noch in diesem Buch. Das ist ein hervorragendes Zeichen! Es zeigt erstens, dass es für Sie interessant ist, und das schmeichelt mir sehr. Es zeigt zweitens, dass Sie wirklich etwas in Ihrem Leben verbessern wollen, und ich Teil dieser Verbesserung sein darf.

An dieser Stelle möchte ich noch eimal darauf hinweisen, dass alles, was Sie in diesem Buch lesen, nur funktionieren kann, wenn Sie es wirklich tun! Ich hoffe, dass ich Ihnen nicht zu viel versprochen habe, und die einzelnen Kapitel leicht für Sie umzusetzen sind. Probieren Sie alles aus und entscheiden Sie dann, welche der

Übungen Sie für Ihren persönlichen Werkzeug-kasten übernehmen wollen. Kombinieren Sie nach Ihren Vorstellungen.

Sie merken vielleicht, dass ich mich mit dieser Aussage immer wiederhole, und genau das sollten Sie auch tun. Jede einzelne Übung immer wiederholen, und zwar ruhig mit gleichgesinnten und neugierigen Personen aus Ihrem Umfeld. Es kann sehr förderlich sein, Mitstreiter zu haben, wenn diese aus freien Stücken mitmachen. Sie sollten aber nicht missionieren.

Jetzt geht's los! Starten Sie Ihre zweite Challenge mit mir! Ich hoffe ja, dass Sie die Positiv-Fokus-Übung aus Kapitel zwei erfolgreich absolviert haben. Denn diese kann Ihnen jetzt helfen. Nun geht's ans Eingemachte. Packen Sie den Stier bei den Hörnern. Es folgt die brutale, aber äußerst effektive phantastische Zen-Meister-Übung!

Kapitel 12: Der ZEN-Meister

Ich habe als Kind unglaublich viele Kung-Fu-Filme gesehen. Besonders gefielen mir die, in denen die uneinsichtigen Schüler von einem Meister durch hartes Training und scheinbar unsinnige und extrem unangenehme Übungen zu außergewöhnlichen Kämpfern gemacht wurden. Die Schüler waren in diesen Filmen immer der Meinung, dass die Übungen nichts mit dem eigentlichen Kämpfen zu tun hätten. Sie versuchten alles, um diese nicht ausführen zu müssen. Doch der Meister bestand auf ausdauerndem Wiederholen dieser Abläufe. Und im Endeffekt waren es genau diese Trainingseinheiten, die den Unterschied machten. Denn durch sie wurde der Schüler stärker, widerstandsfähiger und weiser. Anfangs mochten die Schüler den Meister nicht unbedingt, doch im Nachhinein waren sie dankbar für alles, was sie lernen durften, und erkannten, wie wirkungsvoll die Methoden waren. Nun keine Angst! Sie müssen nicht stundenlang Holzbretter lackieren, gegen eine Palme treten, bis Ihr Schienbein blau und grün ist, oder mit ausgestreckten Armen volle Wassereimer über Holzpfosten balancieren, während Sie Klingen unter den Achseln haben (die Martial-Arts-Freaks der 80er und 90er wissen, wovon ich rede). Aber es geht um ähnlich anstrengende emotionale und kognitive Herausforderungen.

Suchen Sie sich einen Zen-Meister. Wir allen haben vielleicht einen Arbeitskollegen, einen Bekannten oder Verwandten, mit dem wir nicht so ganz auf einer Wellenlänge sind, oder der uns sogar gehörig auf den Zwirn geht. Nehmen Sie diesen. Wenn Sie mehrere von dieser Sorte kennen, nehmen Sie einen davon und machen sie diesen zu Ihrem Zen-Meister. Ich kann förmlich Ihr Zähneknirschen hören. Wenn Sie lieber nackt einen Gletscher hinabrodeln würden als freiwillig mit dieser Person einen Tag zu verbringen, ist sie genau die richtige Wahl für diese Übung.

Nun wird es richtig hart! Nehmen Sie sich ein Blatt Papier und schreiben Sie alle positiven Aspekte auf, die Sie an dieser komischen Type erkennen können. „Der hat keine", werden Sie jetzt sagen. Okay, stellen Sie sich einmal vor, sie ständen dieser Person neutral gegenüber und müssten irgendetwas Positives finden – was wäre es?

Geben Sie sich einen Ruck! Etwas wird es doch da geben. Vielleicht fährt diese Person ein schickes Auto, was zumindest für einen guten Geschmack spräche. Eventuell kann sie trotz blöder Ansichten hervorragend argumentieren. Wenn Sie die erste Sache gefunden haben, haben Sie schon einen kleinen Spalt in Ihre Meinungskruste geschlagen. Damit haben Sie den ersten Schritt getan, Ihre festgefahrene Bewertung zu optimieren.

Nun suchen Sie weiter! Finden Sie weitere Eigenschaften, die Sie an dieser unsäglichen Person gut finden könnten. Nehmen Sie eine dieser Eigenschaften und fragen Sie sich, ob Ihnen diese Eigenschaft nützen könnte, und wie Sie sie erlangen könnten.

Ich weiß, das war jetzt erstmal etwas viel auf einmal. Atmen Sie ruhig, wie Sie es in Kapitel drei gelernt haben. Wenn Sie wieder schön entspannt sind, machen Sie sich bewusst, was Sie gerade getan haben. Sie sind über Ihren Schatten gesprungen und haben gegen Ihre feste Überzeugung gehandelt. Für mich war es so, als hätte ich einen Goldbarren in einer Jauchegrube gefunden. Am Anfang will man nicht hineinfassen, doch nachher ist man froh, es getan zu haben. Sie haben sich gerade ein Stück flexibler gemacht, indem Sie gelernt haben, dass auch an Orten gute Dinge zu finden sein können, an denen Sie es nicht vermuten.

Je öfter sie diese Übung machen, desto leichter wird es Ihnen fallen, Dinge nicht so eindimensional zu sehen. Sie finden dann in vermeintlich schlechten Situationen oder Menschen tolle Anregungen, Ideen und Eigenschaften. Dies macht Sie auf Dauer offen und sehr flexibel. Und darum geht es hier: aus jedem Moment etwas mitzunehmen, aus Schatten etwas Licht zu gewinnen oder Gold aus einer Jauchegrube zu ziehen. Wenn Sie diese Übung jetzt gemacht haben, sind Sie vielleicht schon bereit für das nächste Level. Gehen Sie zu der Person und sagen Sie ihr, was Sie an ihr mögen. Wenn Sie besonders mutig sind, fragen Sie die Person einfach, wie Sie das auch erreichen können. Wenn Sie einmal gelernt haben, falschen Stolz, Vorurteile und Gram für einen Moment beiseitezuschieben, um Neues zu lernen, sind Sie ein ganzes Stück freier und flexibler geworden.

Das heißt natürlich nicht, dass Sie sich mit Leuten, die Sie nicht mögen, anfreunden müssen. Aber es können einige interessante und lehrreiche Erfahrungen für Sie dabei herausspringen. Denn ähnlich wie die Kopfbremse aus Kapitel sieben, sind auch einmal etablierte Meinungen nicht ganz so leicht wieder zu ändern. Sollten Sie also diese Übung erfolgreich absolviert haben, dürfen sie zu recht stolz auf sich sein und das auch in Ihr Glücksjournal schreiben.

Checkliste:

1. Finden Sie einen Zen-Meister.

2. Schreiben Sie mindestens eine gute Eigenschaft oder Fähigkeit dieser Person auf(ziehen Sie den Goldbarren aus der Jauchegrube).

3. (Achtung Level zwei) Machen Sie der Person ein Kompliment dafür.

4. Fragen Sie, wie sie es macht.

5. Seien Sie stolz auf die eigene Flexibilität.

ZEN-MEISTER

NAME:_____

POSITIVE EIGENSCHAFTEN:

_____

_____

_____

_____

_____

_____

_____

_____

_____

KOMPLIMENT GEMACHT ☐

Da Sie die Zen-Meister-Übung hoffentlich erfolgreich hinter sich gebracht haben und immer noch weiterlesen, scheinen wir langsam eine echte Bindung aufzubauen. Sie haben viele persönliche Dinge von mir erfahren und hoffentlich das Eine oder Andere gelernt, was Sie weiterbringt. Sie haben lustige, gefährliche und ereignisreiche Episoden aus meinem Leben gelesen und lesen immer noch. Das alles ist Anlass genug für mich, Ihnen das Du anzubieten. Also ich werde Dich ab jetzt duzen. Sollte Dir das nicht passen, stell Dir einfach vor ich würde Dich weiter siezen.

Kapitel 13: Was Opa schon wusste oder die nonverbale Liebeserklärung

Mein Opa war ein toller Mann, ein kerniger Typ mit dunklem Haar und blauen Augen, ein geborener Handwerker, ein toller Koch. Wenn man hinter seine Fassade zu blicken vermochte, erkannte man eine Seele von Mensch.

Er machte stets klare Ansagen und war sehr direkt. Immerhin musste er sich mit einer Rasselbande von zehn Kindern arrangieren, was bestimmt nicht immer einfach war. Ich gehörte zur nächsten Generation dieser Rasselbande und hatte auch schnell begriffen, dass es bei Opa Regeln gab. Das Sonntagsessen zum Beispiel: Punkt zwölf Uhr wurde gegessen. Und wehe dem, der nicht rechtzeitig am Tisch saß! Einmal fragte ich ganz naiv, ob das Püree von Pfanni sei. Du kannst dir nicht vorstellen, welch eine Ansage ich bekam! Mit seinem leicht bayrischen Akzent und seiner Donnerstimme erklärte Opa mir vor dem Rest der Familie unmissverständlich, dass es bei ihm nur frische Zutaten gäbe. Danach war für mich klar: So eine Frage würde ich nicht noch einmal stellen! Tja, so war mein Opa, direkt und geradeaus.

Doch wenn ich alleine bei meinen Großeltern war, hatte ich das Paradies auf Erden. Ich bekam alles, was ich wollte. Ich durfte das Fernsehprogramm bestimmen, ich bekam Material zum Bauen meiner Hütte, sogar meine Brote wurden in mundgerechte Häppchen geschnitten. Alles drehte sich um mich, es war wundervoll.

Mein Opa hat – soweit ich mich erinnern kann – nie ein Wort über Gefühle verloren oder Themen dieser Art auch nur ansatzweise erwähnt. Mir gab er jedoch seine ganze Liebe. Allein durch seine Taten hat er mir so viel Zuneigung bewiesen, dass es keiner Worte mehr bedurfte. Er hat immer mehr gegeben als er hatte. Das ist einer der wertvollsten Lektionen, die ich von meinen Opa gelernt habe.

Es kann einen so großen Unterschied machen, andere Menschen wertzuschätzen und ihnen einfach nur eine nette Geste, eine ehrlich gemeinte Umarmung oder vielleicht eine gute Tat zu schenken, anstatt sie kaum zu beachten oder mit ihnen über belangloses Zeug zu reden. Viele Menschen reden allzu gerne über die großen Gefühle, doch nur wenige zeigen sie. Hier kommt Deine Aufgabe: Wähle drei Personen aus, die Dir wichtig sind und bei denen Du das Gefühl hast, es würde ihnen guttun, wenn Du ihnen einmal eine dicke Umarmung schenkst, ihnen Deine echte Zuneigung zeigst oder Ihnen einmal ehrlich und aus vollen Herzen sagst, wie wichtig sie Dir sind.

Vielleicht wendest Du jetzt die 72-Stunden-Regel an, oder vielleicht machst Du es einfach sofort. Du wirst sehen, wie befreiend und wundervoll es sein kann. Ich habe die Erfahrung gemacht, dass wir uns für die wichtigen Dinge viel zu wenig Zeit nehmen, weil wir viel zu sehr mit den dringlichen Dingen beschäftigt sind. Verbreite positive Energie! Abschließend bleibt mir nur zu sagen: „Danke Opa, ich vermisse Dich."

Name:_____

Nonverbale Liebeserklärung:

_____

Name:_____

Nonverbale Liebeserklärung:

_____

Name:_____

Nonverbale Liebeserklärung:

_____

Kapitel 14: Zeig Gefühle oder Ventil der Seele

Du merkst vielleicht, dass wir etwas persönlicher und emotionaler werden, seit wir uns duzen. Ich zumindest. Im vorangegangenem Kapitel habe ich Dir von meinen Opa erzählt, der mir besonders am Herzen lag. Er war nicht gefühlsduselig. Auch wenn er einer der stärksten Menschen war, die ich kenne, war es womöglich seine größte Schwäche, seine Gefühle oftmals zu unterdrücken.

Ich habe in der Vergangenheit ebenfalls allzu oft meine Gefühle unterdrückt und musste schmerzlich feststellen, dass dies nicht der beste Weg ist. Unterdrückte Gefühle fressen Energie. Energie, die so wichtig ist, um voranzukommen. Auch hier können wir als Erwachsene von Kindern lernen, zumindest von kleineren Kindern. Denn bevor ihnen die Benimmregeln unserer Gesellschaft eingeimpft werden, sind die Kleinen noch völlig frei in ihrer Gefühlsäußerung. Es wird gelacht, getanzt, gemeckert oder sich weinend auf den Boden geworfen – und zwar dann, wenn das Gefühl da ist. Da wird nichts unterdrückt, weil es sich nicht geziemt oder weil echte Männer keine Gefühle zeigen. Diese Glaubenssätze werden erst später zu festen Kopfbremsen.

Ich bin der Meinung, wer zu viel Gefühlsenergie dauerhaft im Zaum zu halten versucht, wird früher oder später zusammenbrechen. Wer kennt es nicht, wenn man seinen Gefühlen einmal freien Lauf gelassen hat? Da fühlt man sich doch irgendwie befreit, oder? Starke Emotionen können durchaus anstrengen und ermüdend sein, doch wenn man sie rauslässt, ist es kurze Zeit später so, als hätte man unnötigen Ballast losgelassen. Danach kann man wesentlich leichter vorankommen.

Gibt es auch Gefühle, die Du unterdrückst, obwohl Du weißt, dass es Dir besser gehen würde, wenn Du sie rauslassen würdest? Vielleicht hast Du sie noch nicht akzeptiert? Das ist einer der Schlüssel. Du darfst deine Gefühle akzeptieren. Wir Menschen sind emotionale Wesen, Wut und Traurigkeit gehören genauso zu uns wie Freude und Liebe. Du solltest also Deine Gefühle akzeptieren und zulassen.

Doch um das Ganze etwas leichter anzugehen, schaffe Dir einen geschützten Rahmen, zum Beispiel, wenn Du alleine bist, oder wenn Dein Partner dabei ist. Ich habe viele Klienten, die ein Päckchen unterdrückter Gefühle mit sich herumgetragen haben. Wir haben sie stückweise herausgelassen. Vom lauten Schreien bis zum leisen Weinen war alles dabei. Eines war bei allen gleich: sie fühlten sich befreit.

Wenn Du dich vor dem Chef auf den Boden wirfst und weinst oder in der Schlange vor dem Bankschalter laut schreist, sendest Du möglicherweise die falschen Signale an das Umfeld, auch wenn es unterhaltsam und äußerst interessant wäre. Wenn Du Deine Gefühle also nicht in der Öffentlichkeit zeigen möchtest, weil Du es in diesem Moment für unangebracht hältst, dann mach es in einem intimeren Rahmen. Wichtig ist, dass Du nichts aufstaust, was Dich im Nachhinein ausbremst oder belastet. Ich höre seit einiger Zeit auf meinen Körper. Wenn ich traurig bin, weine ich, wenn ich wütend bin, gehe ich an einen einsamen Ort und schreie laut oder verausgabe mich beim Sport. Wichtig ist für mich, meinen Gefühlen freien Lauf zu lassen, bevor sie mich belasten. Denn nur so habe ich genug Energie, um meinen Fokus auf meine Ziele zu richten und diese auch zu erreichen.

Nun höre mal in Dich hinein, ob es nicht die eine oder andere Gefühlsbaustelle gibt, die Du angehen könntest, um etwas Ballast loszuwerden. Räume ruhig richtig auf, bevor Du zum nächsten Kapitel kommst, denn da geht's nochmal richtig ans Eingemachte.

Kapitel 15: Der Nachruf oder was musst Du tun, um so zu enden

Das Leben ist endlich, das ist gewiss, auch wenn viele immer so tun, als hätten sie noch ein zweites Leben im Koffer, oder wären erst bei der Generalprobe. Nur ist dem leider nicht so, und meiner Meinung nach ist die einzige Währung, die letztlich wirklich zählt, die Zeit. Denn vollkommen egal wie dick Dein Bankkonto ist – Deine Zeit ist irgendwann abgelaufen. Darum solltest Du jetzt überlegen, was Du mit dieser Zeit anfangen willst.

Ich glaube, das schmerzvollste Wort am Ende unserer Lebensreise ist das Wort „hätte". Sätze, die mit „beinahe hätte ich" oder „hätte ich doch nur" beginnen, beschreiben einen Zustand der Lebenslethargie, in der wir uns oft gefangen sehen. Mit immer neuen Ausreden und Floskeln hindern wir uns daran, Neues auszuprobieren und uns zu entwickeln. Unsere Kopfbremsen halten uns davon ab, zu wachsen. Oder wir haben schlichtweg zu viel Angst davor, neue Wege zu gehen. Dabei liegt direkt hinter der Angst das wirkliche Wachstum. Nur wer schwierige Situationen meistert und über sich hinauswächst, hat wirklich das Gefühl, etwas erreicht zu haben. Bei meinem folgenden Erlebnis wurde mir bewusst, dass ich nur dann schnell wachsen kann, wenn ich mich meinen Ängsten stelle.

Als ich damals Bungeejumping gemacht habe, tat ich dies nicht, weil ich so ein wagemutiger Haudegen war, sondern weil ich schlichtweg mein Maul zu weit aufgerissen hatte. Zu diesem Zeitpunkt arbeitete ich in einem Möbelhaus, und der größte Konkurrent eröffnete ein noch größeres Geschäft nur zwei Straßen weiter. Zur Eröffnung machte er ein riesiges Spektakel – inklusive Helikopterflügen. Um dem entgegenzuwirken, beschloss mein damaliger Chef, mit ähnlichem Aktionismus zu antworten: mit Feuerwehrautofahrten für die Kinder, Karussell, Free-Climbing-Wall und Bungeejumping. Für letztere Attraktion bekamen wir als Personal einige Freisprünge. Einige Mitarbeiter sprangen, einige bekamen Panik und fuhren wieder herunter. Wer konnte es ihnen verübeln, denn der Sprung musste von einem Stahlkorb ausgeführt werden der an einer Seite offen war und von einem Kran in sechzig Meter Höhe gezogen wurde.

Für mich war klar, dass ich keinen Fuß in die Nähe dieses Korbes setzen würde, da meine Höhenangst mir nicht einmal erlaubte, auf einer Haushaltsleiter die letzte Stufe zu erreichen. Wäre da nicht meine große Klappe gewesen! Denn ich konnte es nicht lassen, unseren Filialleiter davon zu überzeugen, auch einmal einen Sprung zu wagen.

Erst ließen ihn meine Überredungsversuche kalt. Nicht einmal meine Aussage, dass selbst die Mädels gesprungen seien, lockte ihn aus der Reserve. Und dann sagte ich diesen einen Satz, der für mich zum Boomerang wurde. Als ich ganz sicher war, dass er nicht springen würde, sagte ich: „Wenn Sie springen, springe ich auch!" Ich hatte den Satz noch nicht ganz ausgesprochen, da beschlich mich ein mulmiges Gefühl, und einen kurzen Moment später schoss mir nur noch dieses eine Wort durch den Kopf: Fuck! Mein Filialleiter schritt unterdessen zur Tat, ließ sich wiegen und legte danach die Gurte an. Mir war, als hätte er mir noch einen kurzen, diabolischen Blick zugeworfen, bevor er in den Korb stieg. Mir wurde ganz flau in der Magengegend. Es gab jetzt nur noch eine Möglichkeit, mich vor diesem Wahnsinn zu drücken. Ein paar Minuten später sprang der Chef jedoch tatsächlich und machte damit auch meine letzte Hoffnung zunichte. Von den Gurten befreit kam er mit großen Schritten und breitem Grinsen auf mich zu. „Komm Bauer, jetzt du", rief er mir zu. In diesem Augenblick dachte ich, mein Ende wäre gekommen.

Glücklicherweise war mein Ego noch ein bisschen größer als meine Angst. Niemals hätte ich mir die Blöße gegeben, nicht dort hochzufahren, wo ich doch das Maul so weit aufgerissen hatte. Also gut, dachte ich, und ließ mich wiegen. Fest vergurtet stand ich in dem Korb mit dem Instruktor. Höhe ist nicht wirklich mein Ding, ging es mir durch den Kopf. Mit anderen Worten: Ich machte mir vor Angst beinahe in die Hose. Während der Kran uns mit dem Korb nach oben zog, krallte ich mich förmlich in die Stahlrohre und kämpfte innerlich gegen meine Beklemmung und Starre an. Meine Begleitperson versuchte mir zu erklären, wie ich mich beim Sprung verhalten sollte. Ich bat sie, damit zu warten, bis wir oben sind. Mein System konnte wegen dieser Gefühlsachterbahn zu diesem Zeitpunkt kein Kontingent für die Gesprächsführung freimachen. Ich fasste noch ei-mal fester zu, als wir ungefähr die Höhe des Da-ches unseres Verkaufshauses passierten. Als mir der Instruktor mitteilte, dass wir jetzt die finale Höhe erreicht hätten, machte ich mir tatsächlich Gedanken über mein Testament und meinen Nachruf. Er erklärte mir, was ich jetzt tun müsse: „Geh zur offenen Seite, mit den Fußballen über die Korbplatte hinaus. Ich halte dich am Gurt fest, dann streckst du deine Arme nach oben und lässt dich einfach fallen."

„Einfach fallen", antwortete ich spöttisch. Mein Griff um die Stahlrohre wurde noch fester. Ich atmete noch einmal tief durch und blickte nach unten. Die ameisengroße Menschenmenge klatschte und rief Hey-Hey-Hey. Jetzt oder nie, dachte ich. Ich stellte meine Füße über die Kan-te, streckte meine Arme aus und ließ mich fallen. Eigentlich wollte ich lauthals schreien, doch ich bekam keinen Ton heraus. Das Gefühl war über-wältigend. Ich raste mit atemberaubender Ge-schwindigkeit Richtung Boden. Die Auffangmatte wuchs in Sekundenschnelle von der Größe einer Briefmarke auf ein Hundertfaches an. Bei ge-nauem hinsehen, hätte ich sie bei einem geris-senen Seil, auch nur um knapp einen Meter ver-fehlt. Während ich immer langsamer wurde, dachte ich nur: Wow, ich habs getan! Ein paar Meter über dem Boden kam ich fast völlig zum Stillstand. Die Hände fest in meinem Nacken verschränkt, blickte ich in Richtung meiner Füße, an denen das Gummiseil befestigt war. Gummi-seil?, dachte ich noch so bei mir. Da katapultierte es mich wieder in Richtung Himmel. Hammer! Nach einigen Salti pendelte ich langsam aus und wurde vom Bodenpersonal durch Absenken des Korbes langsam in Empfang genommen. Als ich von den Gurten befreit war, hatte ich das Gefühl, um mindestens einen Meter gewachsen zu sein – sowohl in der Höhe als auch in der Breite. Ich fühlte mich so gigantisch, dass ich es nicht in Worte fassen kann. Angesichts meines Ganges wäre sogar John Wayne blass geworden. Ich fühlte mich unbesiegbar. Plötzlich war ich nicht mehr der junge Mann mit Höhenangst und großer Fresse, sondern der Mann, der sich todesmutig von einem sechzig Meter hohen, im Wind schwankendem Kran gestürzt hatte. Ich war mein eigener Superheld. Ein gigantisches Gefühl. Ich hätte niemals gedacht, dass hinter einer meiner größten Ängste soviel tolle Energie steckt. Auf dem T-shirt und der Urkunde stand: „Ich hab's getan!" Ich bin direkt danach noch einmal gesprungen, aber der Zauber vom ersten Mal wurde nicht mehr ganz erreicht. Doch ich hatte ein großes Hätte von meiner Liste gestrichen.

Ich glaube, das Einzige, was wir irgendwann einmal bereuen, ist das, was wir nicht getan haben. Darum möchte ich Dir jetzt eine Aufgabe anbieten, die Dir als finaler Fixstern dienen soll. Schreibe Deinen persönlichen Nachruf. Ja, Du hast richtig gelesen! Schreibe ihn so, als wenn man ihn in der Zeitung lesen würde, also in der dritten Person. „Er war jemand, der…". Schreibe ihn so, wie Du Dein Leben gelebt haben willst, führe alles auf. Vielleicht warst Du ein großer Visionär und Vordenker, ein beliebter Künstler und Familienmensch oder ein Tausendsassa, der sich in vielen Feldern ausgezeichnet hat. Gib Dir die Identität, die Du dir wünschst. Schreibe Deinen Nachruf so, wie die Menschen Dich in Erinnerung behalten sollen. Schreibe ihn, als ob Du glücklich und zufrieden auf Dein Leben zurückschauen kannst – ohne das Gefühl von „hätte". Auf jedem Friedhof sind mit den Menschen auch so viele ihrer Träume und Wünsche begraben!

Ich habe meinen Zivildienst auf einer Langzeitpflegestation in einem Altenheim gemacht. Die Bewohner blieben dort bis zu ihrem Tod. Bei den vielen Gesprächen, die ich mit den meist körperlich eingeschränkten Menschen geführt habe, kristallisierte sich immer eine Sache heraus: Die Mehrzahl der alten Menschen bereute nichts von dem, was sie gemacht hatten, sondern fast nur Dinge, die sie nicht getan hatten. Aussagen wie „Wenn ich die Zeit noch mal zurückdrehen könnte, würde ich" oder „Hätte ich doch nur, als ich noch konnte" waren die Regel. Doch die Dinge, die sie getan hatten, boten Stoff für tolle Geschichten. Die alten Menschen zeigten keine Spur von Reue, auch wenn ihre Geschichten nicht immer von Erfolgen handelten. In der Übung geht es also nicht darum, über den Tod nachzudenken, sondern darum, wie ein erfülltes Leben ohne Reue für Dich aussehen würde. Nimm Deinen Nachruf als Leitfaden, an dem Du abgleichen kannst, ob Dein momentanes Verhalten zu Deinem Lebensziel passt. Zugegebenermaßen klingt es anfangs etwas eigenartig, doch wenn Du wirklich ehrlich zu Dir selbst bist und Deine Vorstellungen klar und deutlich formulierst, wird Dich diese Übung näher an Dein Ziel bringen.

Checkliste:

1. Überlege Dir Deine Identität für Deinen Nachruf und wie Du gelebt haben willst.

2. Schreibe in der dritten Person, so als hätte jemand anders über Dich geschrieben. Einen Vordruck findest Du auf der nächsten Seite.

3. Lies Dir den fertigen Nachruf durch – ruhig laut – und überlege, ob Dein Verhalten zu Deiner Vorstellung passt.

4. Überlege Dir neue Strategien, um näher an Dein Ziel zu gelangen, und schreibe sie auf.

Du solltest diese Übung sofort machen – noch bevor Du das nächste Kapitel in Angriff nimmst. Denn diese Übung kann einiges bewirken und ist ein richtiger Augenöffner. Mach Dir keine Sorgen! Ich warte hier so lange auf Dich.

Nachruf

_____

_____

_____

_____

_____

_____

_____

_____

_____

Hast Du nun die Übung gemacht? Fein. Als ich diese Übung für mich gemacht hatte, hat sich einiges bei mir getan. Ich bin seitdem in der Lage, mich immer wieder zu überprüfen und mich daran zu orientieren. Natürlich ist es vollkommen okay, wenn sich Dinge ändern, und so kannst Du natürlich auch diese Übung irgendwann einmal wiederholen, wenn Du das Gefühl hast, dass für Dich etwas nicht passt. Denke immer daran: Du bist Dein eigener Steuermann und bestimmst Deinen Kurs!

Kapitel 16: Sage ja zum Leben oder öfter mal was Neues

Kinder sind die Frucht der Leidenschaft und oft der Mittelpunkt der Familie. Sie werden von ihren Eltern Stück für Stück auf die Gesellschaft und das Leben vorbereitet. Ab der Krabbelphase, aber spätestens, wenn sie laufen können, wird es spannend. Denn dann wird das Umfeld erkundet. Das ging jedem von uns so. Ab diesem Moment hörtest Du und auch ich wahrscheinlich ein Wort besonders oft: nein. NEIN, nicht da dran gehen! NEIN, mach dieses nicht! NEIN, mach jenes nicht! NEIN, das darfst Du nicht! Nein-Nein-Nein! Dieses Wort zieht sich durch die komplette Kindheit. In Kindergärten und Schulen geht es dann so weiter. Das Nein ist ein durchaus notwendiges Mittel, denn es geht es ja oft darum, das Kind zu schützen. Dinge müssen wiederum vor dem Kind geschützt werden, und vielleicht will man den kleinen Racker prophylaktisch im Zaum halten. Mittlerweile weißt Du ja, dass viele Wiederholungen ihre Wirkung tun. Laut einer Studie der Havard Universität sollen bis zu 180.000 negative Suggestionen allein bis zum achtzehnten Lebensjahr auf uns einwirken. Das ist schon enorm!

Neulich habe ich von einem Selbstversuch gehört, in dem ein Vater sich selbst aufgenommen und voller Erschrecken festgestellt hat, dass er an einem normalen Tag mehrere Dutzend Male nein zu seinem Kind sagte, und noch einmal fast doppelt so viele Verbote aufstellte. Doch viele Verbote sind vielleicht unnötig und werden fragwürdig begründet, weil an diesem Tag der Geduldsfaden mal nicht aus Seil ist. Dies ist kein Erziehungsbuch, und wer weiß, ob es die optimale Erziehung überhaupt gibt. Was ich schreibe, ist nicht als Kritik an den Eltern dieser Welt gemeint. Fakt ist allerdings, dass wir als Kinder in den meisten Fällen schon so einige Male öfter nein hörten als ja. Wie Du ja mittlerweile weißt, prägt uns unser direktes Umfeld maßgeblich. Es besteht für mich kein Zweifel daran, dass viele Neins und negative Suggestionen am Tag so manche Kopfbremse installiert haben und es durchaus schwieriger machen, ja zum Leben zu sagen.

Es gab in meinem Leben wahrscheinlich etliche Situationen, in denen ich schon fast aus Reflex nein gesagt habe, um mich nicht aus meiner Komfortzone bewegen zu müssen. Ich habe mit Sicherheit die eine oder andere Chance ausgelassen, wunderbare Erfahrungen zu machen. Und dies geschah allein aus Angst davor, möglicherweise auftretende Probleme nicht lösen zu können. Heute sehe ich das etwas anders. Ähnlich wie in Kapitel sieben geht es auch hier darum, dass Du dir Türen öffnest. Doch ist das keine langsame und kontrollierte Trockenübung. Du darfst Dir selber beweisen, wie spontan Du sein könntest, wenn Du wolltest. Wenn Du Dich schon für sehr spontan hältst – herzlichen Glückwunsch! Wenn Du jetzt glaubst, diese Übung sei überflüssig für Dich, hast Du keine Ahnung, wie wertvoll es sein kann, seine Stärken zu verbessern. Denn gerade, wenn man sich in Sicherheit wiegt, wird einem häufig offenbart, dass es immer noch mehr zu lernen gibt. Es gilt also, richtig spontan zu sein und einfach mal **JA** zum Leben zu sagen. Nimm Dir sieben Momente pro Woche, in denen dir das Nein schon auf der Zunge liegt, ohne dass es einen wirklichen Grund dafür gibt. Nimm nicht die Momente, in denen Dich jemand um etwas bittet, was Du aus tiefster Überzeugung nicht tun kannst, sondern eher Situationen, in denen Du hinterher nach Ausreden suchst, um Deine Entscheidung zu untermauern. Sag in diesen Momenten einfach mal **JA**! Es kann sein, dass Du sie anfangs nicht registrierst, doch mit etwas Ehrlichkeit zu Dir selbst und ein wenig Übung wirst Du die richtigen Momente finden. Der richtige Zeitpunkt, **JA** zum Leben zu sagen, ist jetzt – genau wie der richtige Zeitpunkt, Neues auszuprobieren.

Als ich noch ein kleiner Junge war, hatte ich Probleme mit Nahrungsmitteln, die nicht in mein Konzept passten. Gemüse sprach mich nicht an, zumindest dann nicht, wenn es gekocht war. Was heute total en vouge ist, habe ich damals schon praktiziert. Ich habe fast alles Gemüse nur roh gegessen – von Blumenkohl über Möhren bis hin zu Rosenkohl. Sobald Gemüse gekocht war, konnte man mich damit jagen. Genau so verhielt es sich mit Wurst, in der rote oder grüne Stückchen waren, also Paprika oder Pistazien. All dieses bunte Zeug war mir nicht geheuer. Ich wollte auch absolut nichts essen, was nur ansatzweise nach gekochtem Gemüse aussah. Mein Vater wollte mich einmal davon überzeugen, dass grüne Bohnensuppe lecker ist. So saß ich mit ihm eine geschlagene Stunde in der Küche vor diesem Teller Bohnensuppe, von dem ich vielleicht einen bis zwei Löffel probierte, bis mein Vater schließlich merkte, dass es keinen Sinn hat. Ich war völlig beratungsresistent und wollte absolut nichts probieren, was meinen Augen nicht schmeckte. So verhielt es sich bei mir mit vielen neuen Dingen. Ich hielt mich lieber an bewährte Speisen und Abläufe. Naja, eine Speise gab es dann doch, die mir das gekochte Gemüse schmackhaft machte: Opas Hänchenschenkel mit Gemüsereis. Du weißt ja, Opa zu widersprechen war nicht so cool, ergo aß ich den Reis am Sonntag Mittag. Und voila! Er schmeckte hervorragend. Das Eis war gebrochen. Nun wagte ich mich auch an anderes gekochtes Gemüse, und nicht nur das. Ich probierte viele Dinge, die vorher in meiner Welt nicht genießbar schienen. Ich lernte, dass ich umso mehr tolle Dinge fand, je mehr ich probierte. Und das war nicht nur aufs Essen beschränkt.

Um sich ein Urteil über etwas bilden zu können, muss man es selbst einmal probiert haben. Dies begriff ich immer mehr. Anstatt viele Dinge abzulehnen, ließ und lasse ich mich auf sie ein. Ich sage ja zum Leben. Viel zu oft lehnen wir Dinge aus Ungewissheit ab. Ich sage: scheiß drauf! Probiere die bunten Sachen des Universums und iss das Leben mit dem großen Löffel. Ich bin mir sicher, Du findest das Eine oder Andere, was Dir bestimmt gut schmeckt. Jedesmal, wenn Du Dich dabei ertappst, etwas ohne guten Grund abzulehnen, ist es Zeit zu hinterfragen, ob nicht jetzt der Moment gekommen ist, es einfach mal auszuprobieren.

Du siehst, welch tiefsinnige Folgerungen man aus Gemüsereis ziehen kann. Und das ist ein weiterer Grund, so viel wie möglich auszuprobieren. Oft liegen tolle Erkenntnisse in neuen Dingen. Probiere neues Essen, neue Orte, neue Kleidung, neue Sprachen, neue Sportarten! Lerne neue Leute kennen! Schau über den Tellerrand oder krabbele aus Deiner Box! Entdecke die Welt nochmal neu!

Checkliste

1. Identifiziere Situationen, in denen Du ohne erkenntlichen Grund NEIN sagst.

2. Wenn es keinen wirklichen Grund gibt, sei spontan und sag JA.

3. Probiere mindestens einmal pro Woche etwas Neues aus und erweitere Deinen Horizont.

Kapitel 17: Problem oder Wachstumsbeschleuniger?

Probleme! Jeder kennt sie, jeder hatte oder hat sie. Fast alle hassen sie.

Ja, Du hast richtig gelesen, nur fast alle. Denn auch wenn so ein Problem manchmal richtig nerven kann, so ist es doch ein echter Wachstumsbeschleuniger. Zugegebenermaßen hat sich dieser Wachstumsbeschleuniger eine echt gruselige Maske übergezogen. Denn die meisten erkennen ihn nicht als solchen. Doch lass uns einmal genauer hinsehen.

Wir alle haben eine sogenannte Komfortzone – einen Lebensbereich, in dem alles entspannt ist und wo es keine Widrigkeiten gibt. Viele Leute verlassen diesen Bereich fast gar nicht, zumindest nicht freiwillig. Selbst wenn sie einmal unfreiwillig aus ihrem kuschligen Wohlfühlbereich geholt werden, empfinden sie es als äußerst unangenehm, möchten diese Erfahrung am liebsten schnell hinter sich bringen und alles wieder vergessen. In unserer Komfortzone gibt es nämlich keine Probleme, sondern allenfalls Aufgaben. Denn alles, was wir Problem nennen, liegt wo? Richtig, außerhalb unseres Wohlfühlbereichs. Niemand mag jedoch so recht ins Auge fassen, dass sich unsere geliebte Komfortzone erweitert, wenn wir ein Problem gelöst haben. Das heißt, sie wird größer. Denn wenn wir uns einmal dieser Herausforderung gestellt haben, wissen wir, wie es geht, und somit ist sie ab diesem Moment nur noch eine Aufgabe.

Im Grunde lässt jedes gelöste Problem – oder wie ich es nenne: jeder Wachstumsbeschleuniger – Deine Komfortzone und damit auch Dich selber wachsen. Um uns wirklich zu entwickeln, brauchen wir diese Wachstumsbeschleuniger (Probleme). Man könnte sie fast mit Stallmist vergleichen, der auch zum Düngen benutzt wird. Er riecht nicht gut, anfassen möchte man ihn auch nicht. Dennoch macht er den Boden fruchtbar und lässt Planzen besser wachsen. Erinnere Dich an meinen Bungeejump: Am Anfang dachte ich, ich hätte ein gewaltiges Problem, doch im Nachhinein war es ein unglaublich guter Dünger. Jetzt ist es an Dir, die Bewertung zu ändern und zu prüfen, wie Deine Probleme zu Wachstumsbeschleunigern werden können.

Problemlösung = Komfortzonenerweiterung

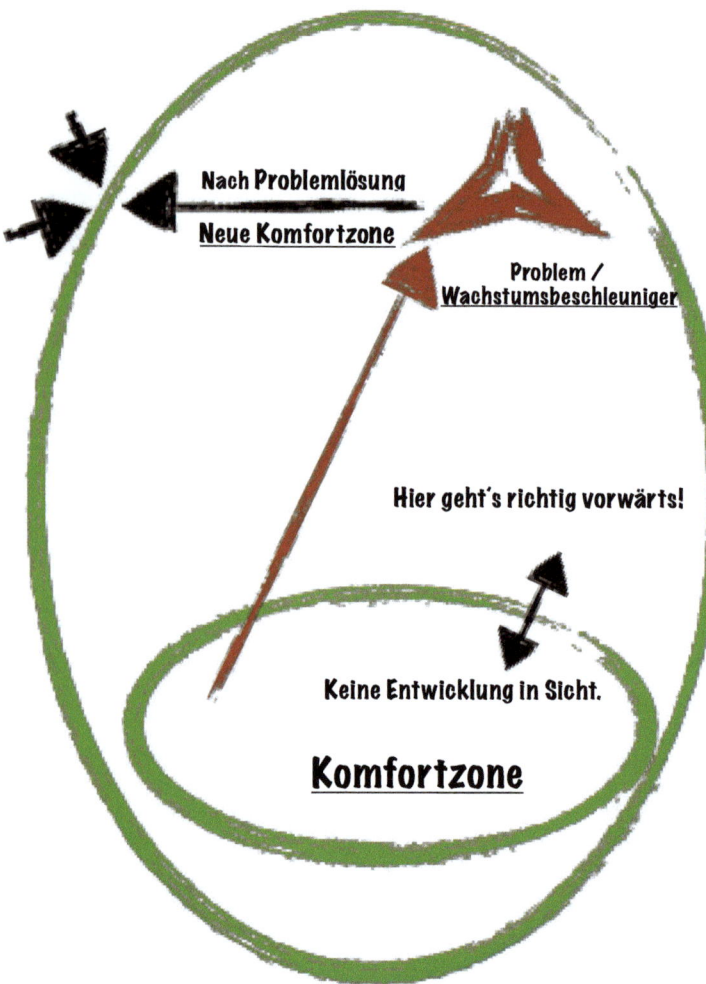

Nach Problemlösung

Neue Komfortzone

Problem /
Wachstumsbeschleuniger

Hier geht's richtig vorwärts!

Keine Entwicklung in Sicht.

Komfortzone

Kapitel 18: Die üble Wurzel oder der Blick zur Ursache

Der alte Spruch „Wissen ist Macht" dürfte jedem bekannt sein, doch leider ist er nur die halbe Wahrheit. Denn nur angewendetes Wissen ist wirklich mächtig. Darum lade ich Dich immer wieder ein, die Übungen in diesem Buch zu machen. In Zeiten des World-Wide-Web ist Wissen leichter zugänglich als je zuvor, aber immer noch fehlt es an Umsetzung. Bis jetzt hast Du in diesem Buch schon über ein Dutzend Möglichkeiten kennengelernt, die das Leben verbessern können, wenn Du sie konsequent anwendest. Doch manchmal musst Du zusätzlich das Übel an der Wurzel packen.

Aus meiner Zeit im Möbelhandel gibt es viele Begegnungen, die mir wahrscheinlich bis zum Lebensende in Erinnerung bleiben werden. Eine davon möchte ich Dir nun schildern. Es ist keine Seltenheit, dass ich mit Kunden neben dem Verkaufsgespräch über alles Mögliche spreche – häufig auch über private Anliegen der Kunden. Eines Tages bediente ich einen etwa sechzigjährigen Mann. Er interessierte sich für eine Couch, und während wir beide auf dieser saßen, erzählte er mir seine Leidensgeschichte. Er litt seit geraumer Zeit unter extremen Rückenschmerzen, ging regelmäßig zur Physiotherapie, bekam häufig Spritzen und Massagen. Er hatte schon alles ausprobiert: Akupunktur, Einlagen für die Schuhe und sogar Reizstromanwendungen. Aber so richtig geholfen hatte ihm auf Dauer nichts. Immer wieder kamen die Rückenschmerzen wieder. Ich hörte ihm aufmerksam zu. Am Ende seiner Ausführungen fragte ich ihn, wie lange er seine Matratze denn schon habe. Ohne groß zu überlegen antwortete er: „dreißig Jahre". Er hatte das Schlafzimmer samt Matratzen von seinen Eltern zur Hochzeit bekommen. Seitdem hatte er nichts Neues mehr gekauft. Mit leicht erschrockenem Gesicht erklärte ich ihm, dass Matratzen in der Regel nach acht bis zehn Jahren erneuert werden sollten, da Matratzen natürlich auch verschleißen, und nach so langer Zeit die Federkraft natürlich nicht mehr gut sein könnte. Einige Argumente später willigte er ein, sich neue Matratzen zu kaufen.

Ungefähr zwei Monate später wurde ich zur Hauptinformation gerufen. Gefangen in meinen alten Verhaltensmustern erwartete ich nichts Gutes. So war es auch. Es war nichts Gutes, sondern etwas Fantastisches! An der Hauptinformation stand der ältere Herr mit einer Flasche Wein und einer Schachtel Pralinen. Er war extra gekommen, um sich bei mir zu bedanken. Denn seit dem Tag, an dem er die bei mir gekauften Matratzen nutzte, wurden seine Rückenschmerzen immer weniger. Sie seien noch nicht ganz verschwunden, aber fast. Er teilte mir mit, dass er sich nie hätte träumen lassen, ein solch langwieriges Problem so einfach lösen zu können. Ich war in diesem Moment ebenfalls glücklich, denn er hatte mir mit seiner Reaktion ein tolles Geschenk gemacht.

Du siehst an diesem Beispiel, dass es oft nicht reicht, die Symptome zu behandeln. Manchmal musst Du an die Wurzel gehen. Viele Menschen sind unglücklich in ihrem Job, in ihrer Beziehung oder in ihrem Umfeld. Wenn sie überhaupt etwas unternehmen, dann bloß, um die Symptome zu lindern. Manchmal muss Du nur etwas an der Wurzel ändern, und danach können auch alle anderen Methoden ihre volle Wirkung entfalten. Du solltest also einmal nachsehen, ob Du auch eine üble Wurzel hast, die die Ursache für Dein Unwohlsein ist. Achtung! Sei sehr gewissenhaft bei Deiner Analyse. Du willst ja nur üble Wurzeln entfernen, die Dich wirklich an einem glücklichen Leben hindern oder vielleicht auf Dauer sogar krank machen können. Es sollte Dir also zu einhundert Prozent klar sein, dass Du diese Situation ändern willst. Falls Du eine üble Wurzel hast, solltest Du dich unbedingt darum kümmern. Erst wenn Du den Splitter aus der Wunde gezogen hast, hat es wirklich Sinn, ein Pflaster darauf zu kleben. Falls Du keine üble Wurzel hast – umso besser! Dann richte Deinen Fokus wieder auf Deine Entwicklung.

Checkliste:

1. Schau Dir Deine Wurzeln an: soziales Umfeld, Beziehung, Job.

2. Gehe ins Detail, schreibe alles auf und sei ehrlich zu Dir, ob es eine üble Wurzel dabei gibt. Bitte prüfe sorgfältig! Manche Wurzeln brauchen einfach nur Pflege.

3. Sollte eine üble Wurzel dabei sein, über lege, was Du stattdessen willst, und wie Du es erreichen kannst. Jetzt kannst Du dir ein neues Ziel setzen und an der Erreichung arbeiten.

Kapitel 19: Dein Mojo = Selbstbewusstsein plus Mindset

Wir alle streben nach Anerkennung, Aufmerksamkeit und Zugehörigkeit. Doch wie häufig bekommen wir diese nicht oder nicht in dem Umfang, wie wir uns das wünschen? Wie oft machen wir uns dadurch kleiner als wir tatsächlich sind! Vielen von uns wurde vermittelt, dass Bescheidenheit eine Zier sei. Doch wie soll ein gutes Selbstbewusstsein entstehen, wenn wir nie richtig gelernt haben, unsere Stärken anzuerkennen? Ein Bewusstsein für Deine Stärken zu entwickeln ist außerordentlich wichtig! Grundsätzlich ist Anerkennung von außen natürlich sehr förderlich. Hol Dir ruhig positives Feedback von anderen, und wenn Du es bekommst, schreibe es auf. Wenn Du aber immer nur darauf wartest, dass dich mal jemand von außen lobt, kann der Weg verdammt lang werden, ein gutes und starkes Selbstbewusstsein zu entwickeln. Erkenne Deine Leistungen an und klopfe Dir öfter mal selbst auf die Schulter, wenn Du etwas geschafft oder erreicht hast. Mach Dir ein Post-it an den Badezimmerspiegel und schreib darauf: „Du bist großartig!"

Manche würden jetzt sagen, dass Eigenlob stinkt. Bullshit! Wenn Du nicht in der Lage bist, Deine Erfolge zu feiern – wer soll es denn dann für Dich tun? Damit meine ich nicht nur riesige Erfolge, sondern auch die kleinen im Alltag: erfolgreich eine Arbeit beendet zu haben, alles geschafft zu haben, was Du dir vorgenommen hast, oder was Dir sonst noch einfällt. Gib Dir ruhig selber mal ein High-Five, wenn Dir etwas gelungen ist. Sei stolz auf Dich und gönne Dir selbst Anerkennung.

Jetzt geht es mal nur um Dich – nur darum, was und wer Du bist. Konzentriere Dich auf Deine Stärken, auf alles, was Du kannst, was Du liebst und wovon Du mehr willst. Es ist egal, was andere sagen. Baue Dir ein starkes Mindset auf. Benutze ein Tages-Mantra. Mit diesem Mantra kannst Du dir immer wieder sagen, was Du kannst oder wer Du bist. Zum Beispiel „Ich bin ein Gewinner", „Ich bin der Beste ..." (Beruf oder Eigenschaft einsetzen) oder „Ich schaffe das". Du kannst natürlich alles andere als Mantra auswählen, was für Dich passt. Sobald Du eines gefunden hast, sage Dir dieses Mantra immer und immer wieder in Gedanken, bis es sich für Dich echt anfühlt und Du es auch problemlos und aus voller Überzeugung laut sagen kannst. Schreibe Dein Mantra ruhig auf und platziere es so, dass Du es täglich sehen kannst, um die Wirkung zu verstärken. Mittlerweile solltest Du ja wissen, dass alles in Deinem Kopf beginnt.

Du hast in den vergangenen Kapiteln viele Übungen kennengelernt, die Dir dabei helfen können, ein solches Mindset zu erschaffen. Mit einem felsenfesten Glauben an Dich und Deine Fähigkeiten und dem Bewusstsein dafür, dass hinter schwierig scheinenden Aufgaben noch mehr Wachstum und eine garantierte Erweiterung deiner Komfortzone wartet, muss Du Dich nicht mehr zurücknehmen oder verstecken. Mache mutig den ersten Schritt und schreite stetig voran! Denn mutig ist nicht der, der keine Angst hat, sondern der, der trotz seiner Angst etwas tut. Ein weiterer Gesichtspunkt ist, dass wir uns Gedanken darüber machen, was die anderen äußern. Scherzhaft sagt man ja, dass es Dich nichts angeht, was andere über Dich denken. Gleichwohl solltest Du Dir vor Augen halten, wie kraftvoll es für Dich sein kann, was Du über Dich denkst, und was Du meinst, wie andere über Dich denken. Wenn Du glaubst, dass andere schlecht über Dich denken, verlierst Du innere stärke. Wenn Du aber fest daran glaubst, dass andere Dich für genauso fantastisch halten wie Du dich selbst, dann stehen Dir alle Türen offen, weil Du genau das ausstrahlst. Deine Überzeugung, Dein Glaube an Dich und Dein Bewusstsein für Deine Fähigkeiten gepaart mit einem starken Mindset – also der unbeugsamen inneren Einstellung, dass Du alles erreichen kannst – erschaffen Dein Mojo!

„Mojo" soll seinen Ursprung im Afrikanischen haben und bedeutet da so viel wie Amulett, Talisman, Glücksbringer oder Glücksbehälter: ein Stoffbeutel, gefüllt mit verschiedenen magischen Dingen oder Gegenständen, die vor bösen Einflüssen schützen sollen und dem Träger Glück bringen. Ich favorisiere den Ausdruck „Glücksbehälter". Denn dieser Glücksbehälter bist Du! Alles, was Du brauchst, ist bereits in Dir. All diese magischen Dinge stecken schon in Deinem Innersten. Mittlerweile ist das Wort in den westlichen Sprachgebrauch übergegangen.

Das Cambridge Dictionary schreibt: „mojo – a quality that attracts people to you and makes you successful and full of energy."

„Mojo" beschreibt also eine Qualität, die auf andere Menschen anziehend wirkt, die Dich erfolgreich macht und Dich vor Energie nur so strotzen lässt. Diese unwiderstehliche Strahlkraft steckt in jedem von uns. Du musst sie nur finden, Du musst sie wollen und Dir erlauben, sie zu entfesseln!

Wenn Du alles bis jetzt aufmerksam gelesen und ausgeführt hast, dann besitzt Du alle notwendigen Werkzeuge, Dein Mojo zu entwickeln. Frage Dich: Was kann ich? Was will ich? Was weckt meine Leidenschaft? Was ist meine Bestimmung? Schreibe diese Fragen einzeln auf und fertige darunter eine Liste mit Antworten an. Auf diese Liste darf alles, was Du gut kannst, und wenn ich „alles" sage, dann meine ich alles. Scheiß drauf, dass es komisch, unpassend oder nicht der Norm entsprechend ist. Wenn Du ein zwei Meter großer muskelbepackter tätowierter und Harley fahrender Hüne bist und Deine Stärke darin besteht, dass Du die leckersten Muffins der Welt mit rosa Zuckerguss machen kannst, dann steh dazu und sei stolz darauf! Verzichte bitte auf jeden Fall auf jegliche Art von Selbstzweifel, Kopfbremsen oder Einschränkungen. Stehe zu Deinen Stärken, wie Du zu Deinen limitierenden Glaubenssätzen gestanden hast. Du musst Dein größter Fan werden! Dein Umfeld wird sich im laufe Deines Lebens immer wieder einmal ändern. Die einzige Konstante bist Du.

Baue Deine Fähigkeiten aus. Entscheidend ist Deine Energie. Verschwende sie nicht mit den falschen Dingen.

Auch wenn ich mich wiederhole: Die Energie folgt der Aufmerksamkeit! Richte Deine Aufmerksamkeit auf Deine eigenen Limitierungen, und Deine Energie wird Dich bestätigen. Richte Deine Aufmerksamkeit auf Deine Stärken, und rate mal, was passiert? Richtig! Deine Energie fließt dorthin, wo sie hingehört, in das, was Dir Spaß bereitet, wofür Dein Herz schlägt und was Dich begeistert. Nimm Deine Liste mit all den Dingen, die Du kannst und die Dir Spaß machen, und feiere Dich dafür. Nimm alle Komplimente und jedes Lob, an das Du Dich erinnern kannst – egal wie lange es zurückliegt –, und schreibe es auf. Schreibe jede neue Anerkennung dazu, die Du bekommst. Spüre, wie viele Momente es gab und gibt, die Dir immer wieder zeigen, wie großartig Du bist. Fange am besten sofort an, aber spätestens innerhalb von zweiundsiebzig Stunden. Ändere Deine Bewertung und erkenne an, was Du gut kannst.

Visualisiere Dich selbst in der Zukunft – was Du erreichen kannst mit Deinen Talenten und Deinem Können. Betrachte Dich selbst, wie weit Du es gebracht hast, wie gut es Dir geht, welche Ziele Du erreicht hast. Schlüpfe in Gedanken in Dein fortgeschrittenes Ich. Spüre, wie es sich anfühlt, welche Körperhaltung Du hast, und frage Dich selbst, wie Du es geschafft hast. Gleiche es mit Deinem Nachruf ab und überlege, was Du noch optimieren kannst.

Löse Deine Kopfbremsen und schau, wer schon da ist, wo Du hinwillst. Überprüfe, was Du von diesen Personen lernen oder übernehmen kannst. Wiederhole alles immer und immer wieder. Nimm all die magischen Zutaten aus Deinem Inneren und entwickele ein gewaltiges Mojo. Denn wer weiß, was er kann, kann sich seiner SELBST BEWUSST SEIN. Alle Aufgaben, die Du nicht magst und kannst, solltest Du an Menschen übergeben, die sie mögen und können. Die Mitarbeiter in meiner Reinigung kümmern sich vorbildlich um meine Hemden – eine Aufgabe, die ich zeit meines Lebens nicht können wollte. Wenn Du also solche Tätigkeiten abgibst, hast Du mehr Zeit für Deine Favorites.

Checkliste

1. Finde Deine Stärken und schreibe sie auf.

2. High Five Time! Feiere Deine Erfolge, mögen sie auch noch so klein sein.

3. Lobe Dich selbst und erinnere Dich und Deine Familie oder Mitbewohner mit einem Post-it am Badspiegel täglich daran.

4. Entwickele aus deinen Erfolgen, Talenten und Deinem Mindset ein starkes Mojo.

Kapitel 20: Geben ist der Dünger der Seele

Im letzten Kapitel dieses Buches geht es darum, etwas zu geben. Seit je her hat es mir immer große Freude bereitet, anderen eine Freude zu machen. An Weihnachten beispielsweise war es mir schon immer wichtiger, andere zu beschenken, als selber Geschenke zu bekommen. Ich versuche, möglichst für jeden ein besonderes Geschenk auszusuchen, um am Heiligabend in vor Glück und Freude funkelnde Augen blicken zu können. Es macht mich einfach glücklich, andere glücklich zu sehen.

Es gibt viel Negatives, auf das der Fokus immer mal wieder fallen kann, doch wir haben die Möglichkeit, Gutes zu erschaffen, und zwar nicht nur bei uns selbst, sondern auch bei anderen. Meiner Meinung nach besitzen wir alle die Fähigkeit und Möglichkeit, anderen eine Freude zu machen. Es geht dabei nicht nur um materielle Dinge. Klar, wenn Du es Dir leisten kannst, unterstütze die, die ärmer dran sind. Doch auch wenn Du nicht viel hast, kannst Du viel geben. Gib den Menschen Aufmerksamkeit, Anerkennung, ein Lächeln, ein paar ehrlich gemeinte warme Worte oder eine liebevolle Umarmung. Jeder von uns hat die Macht, das Leben auf dieser Erde schöner zu machen. Denn meiner Erfahrung nach ist jeder, dem Gutes widerfährt, auch gewillt, Gutes weiterzugeben.

Meist wird es allerdings an den zurückgegeben, von dem die Initiative ausging. Ich möchte Dich hier und jetzt einladen, irgendjemandem

eine Freude zu machen – egal in welcher Form –
, und diese Person darum zu bitten, dafür einer
anderen Person als Dir eine Freude zu bereiten.
Diese Person soll es wiederum an einen andere
Person mit der gleichen Bitte weitergeben. Ich
mag den Gedanken, dass sich eine Kettenreakti-
on von Freude und guten Momenten ausbreiten
kann, ähnlich wie aneinander gereihte Domino-
steine, die nacheinander umfallen. Wer weiß,
welche Ausmaße sie erreichen, wenn Du daran
glaubst und mitmachst?

Nun, was sagst Du? Bist Du der nächste Stein
in dieser Dominoreihe? Ich würde mich jedenfalls
wahnsinnig freuen, wenn Du dieser Einladung
folgen würdest! Wäre es nicht wunderschön,
wenn sich dieser Kreis der guten Momente bei
Dir schließt und wieder von vorne beginnt? Ich
finde diesen Gedanken fantastisch.

Nun kommen wir langsam zum Ende meiner Ausführungen. Vielleicht hast Du beim Lesen der letzten Kapitel gemerkt, dass zum Ende fast alle Techniken angesprochen wurden, und ich in einigen vorangegangenen Passagen Bezug auf andere Kapitel genommen habe. In dieser Weise darfst Du auch vorgehen. Kombiniere frei und wild, sei kreativ und entwickle Dich weiter. Immer und immer wieder!

Bei den Zielen, die Du schon erreicht hast, ist die Befriedigung meist nur von kurzer Dauer, doch Die Person, die Du auf dem Weg dorthin geworden bist, zeigt Dir den wahren Erfolg. Es kann Dir alles im Leben genommen werden: Dein Haus, Dein Geld, Dein Auto. Nur Dein KÖNNEN, Dein SELBST, Deine VISIONEN und damit Dein MOJO kann Dir niemand nehmen! Das ist der wahre Schatz, den es zu bergen gilt. Setze Deine Ziele so hoch, dass sie schier unerreichbar scheinen, und erlaube Dir, daran zu glauben, dass Du sie erreichen kannst. Wenn Du eine Reise planst, hast Du nur eine Liste. Doch wenn Du eine Reise machst, hast Du eine Geschichte. Reise mehr, egal ob im wahrsten Sinne des Wortes, spirituell, in deiner Phantasie oder in Deiner Entwicklung. Denn dann kannst Du Deine Geschichte erzählen. Wir alle lieben Geschichten – ob in Form von Büchern, Filmen, Theaterstücken oder Erzählungen. Geschichten haben in tausenden von Jahren nichts von ihrer Anziehungskraft und ihrem Zauber verloren. Zum Schluss ist eine Sache für mich gewiss: Die spannendste Geschichte für Dich sollte Deine eigene sein!

Wenn ich ein kleiner Teil dieser Geschichte sein durfte, weil Du dieses Buch gelesen hast, macht mich das unendlich dankbar. Ich wünsche Dir alles erdenklich Gute auf Deinem weiteren Weg.

Dein Marc

Halt halt halt! Genug mit der Gefühlsduselei! Ein letztes Mal muss ich es noch loswerden: Du musst die Übungen, die ich hier in diesem Buch beschrieben habe, wirklich machen, um Erfolge verbuchen zu können. Komm mir nicht mit „Mach ich morgen" oder „Ich habs versucht aber …"! Denn wie Yoda aus den Starwars-Filmen schon sagt: „Do or do not. There is no try."(Star Wars Episode V: The Empire Strikes Back, directed by Irvin Kershner (1980))

Auf Deutsch: „Tu es oder tu es nicht. Es gibt kein versuchen."

Ich möchte noch einigen Personen danken, die maßgeblich zu meinem tollen Leben beigetragen haben und es immer noch tun. Allem voran meiner wundervollen Frau, die mich unterstützt, wo sie nur kann, und die meinem Herzen ein sicheren Heimathafen gibt. Meinen fantastischen Eltern, die die immer für mich da sind und an mich glauben. Meinem Opa, der für alle Zeit einen besonderen Platz in meinem Herzen hat. Meinem Bruder, der mir auf besondere Weise viele Lektionen beigebracht hat.

Danke auch an meine restliche Familie: Onkel, Tanten, Cousins und Cousinen. Jeder von euch ist toll – insbesondere Roland und Petra, die viele kleine Abenteuer in meinem Leben ermöglicht haben. Danke auch an alle Freunde, die meinen Weg in vielen bunten Episoden begleitet haben. Zu guter Letzt möchte ich mir selber danken, dass ich mir erlaube, all diese tollen Dinge zu tun; dass ich Lösungen finde; dass ich lieben und lachen kann; und dass ich so offen für meine eigene Entwicklung bin.

Literaturempfehlungen

Dan Ariely, *Wer denken will, muss fühlen*, München 2012

Dan Ariely, *Denken hilft zwar, nützt aber nichts*, München 2010

Vera F. Birkenbihl, *Psycho-Logisch richtig verhandeln*, 20. Auflage 2014

Rhonda Byrne, *The Secret-Das Geheimnis*, München 2017

Dale Carnegie, *Sorge dich nicht - lebe!, Frankfurt* 2013

Dale Carnegie, *Wie man Freunde Gewinnt,* Frankfurt 2013

John Grinder und Richard Bandler, T*herapie in Trance,* 16.Auflage 2013

Thorsten Havener, Dr. Med. Michael Spitzbart, *Denken Sie nicht an einen blauen Elefanten-Die Macht der Gedanken*, Hamburg 2010

Anthony Robbins, *Das Robbins Power Prinzip*,
9. Auflage 2016

Paul Watzlawick, *Wie wirklich ist die Wirklichkeit*,
8. Auflage 2010